명절 속에 숨은
우리 과학

SEOUL, 2009

명절 속에 숨은 우리 과학

초판 1쇄 발행일 2009년 4월 25일
초판 33쇄 발행일 2025년 6월 20일

글 오주영 **그림** 허현경

발행인 조윤성
발행처 ㈜SIGONGSA **주소** 서울시 성동구 광나루로 172 린하우스 4층(우편번호 04791)
대표전화 02-3486-6877 **팩스(주문)** 02-598-4245 **홈페이지** www.sigongsa.com / www.sigongjunior.com

ⓒ 오주영, 허현경, 2009

이 책의 출판권은 ㈜SIGONGSA에 있습니다. 저작권법에 의해
한국 내에서 보호받는 저작물이므로 무단 전재와 무단 복제를 금합니다.

ISBN 978-89-527-5508-7 73380

*SIGONGSA는 시공간을 넘는 무한한 콘텐츠 세상을 만듭니다.
*SIGONGSA는 더 나은 내일을 함께 만들 여러분의 소중한 의견을 기다립니다.
*잘못 만들어진 책은 구입하신 곳에서 바꾸어 드립니다.

✤ 사진 자료 제공
26쪽 경주 첨성대 이형준 | 45쪽 거북선 독립기념관 | 61쪽 경주 포석정 이형준 | 78~79쪽 해인사 장경판전 이형준
95쪽 앙부일구 국립고궁박물관 | 112쪽 경주 석빙고 엔싸이버포토박스 | 129쪽 창덕궁 측우대 국립고궁박물관
130쪽 수표 시공사 | 146쪽 수원 화성 팔달문 이형준 | 159쪽 《세종어제훈민정음》 국립중앙도서관
175쪽 청자 상감 모란문 표형 병 국립중앙박물관 | 190쪽 수원 화성 봉수대 시공포토라이브러리 | 204쪽 성덕 대왕 신종 시공사

KC마크는 이 제품이 공통안전기준에 적합하였음을 의미합니다.
제조국 : 대한민국 사용 연령 : 3세 이상
책장에 손이 베이지 않게, 모서리에 다치지 않게 주의하세요.

명절 속에 숨은
우리 과학

오주영 글 | 허현경 그림

SIGONGJUNIOR

작가의 말

명절 속 전통 과학을 찾아보세요!

명절은 전통적으로 해마다 일정하게 의미 있는 때를 정해 기념하는 날이에요. 명절에는 우리나라 전통 문화가 가장 잘 녹아 있지요.

명절이 되면 옛날부터 전해 내려오는 풍습에 따라 그날 하루를 보낸답니다. 한복을 입고, 전통 놀이를 하고, 전통 음식을 먹지요.

명절의 풍습들을 살펴보면 우리 조상들의 과학적인 생활 모습을 알 수 있어요. 이 책에서는 우리나라의 전통 명절 중에서 대표적인 명절을 달마다 하나씩 골라 명절 풍습을 알아보고, 그 안에서 과학을 찾아내었어요.

음력 1월 1일 설날에는 설에 입는 색동저고리에서 천연 염색의 원리를 찾았어요. 설에 즐기는 연날리기에 어떤 원리가 담겨 있는지도 찾아보았어요.

음력 5월 5일 단오에는 단오 선물인 부채가 어떻게 만들어지는지, 어떤 원리로 쓰이는지 알아보았어요. 또, 단오놀이인 그네뛰기와 진자 운동을 연결해 보았지요.

음력 7월 7일 칠석에는 우물을 청소하는 풍습에서 우물에 담겨 있는 전통 과학을 찾아보았어요. 우물 안에 넣는 숯의 효능도 함께 찾아보았답니다.

우리 민족은 반만년 동안 만들어 온 빛나는 문화를 갖고 있어요. 그 안에는 과학적인 원리가 무궁무진하게 담겨 있어요. 전통 문화 속에 담긴 과학을 하나하나 살피다 보면, 저절로 "아하!" 하고 감탄하게 된답니다. 우리 조상들의 생활이 얼마나 과학적이었는지 새삼 깨닫게 되지요.

부채, 화로, 설피, 맷돌, 지게 같은 생활 도구 속에도 과학이 담겨 있고, 연날리기, 그네뛰기, 강강술래, 팽이치기, 썰매 타기 같은 놀이 속에도 과학이 담겨 있고, 우리 한옥과 전통 옷, 전통 음식에도 과학이 담겨 있어요.

이 책을 따라 음력 1월의 명절인 설날에서부터 음력 12월의 명절인 섣달그믐까지, 숨어 있는 과학을 찾아보세요.

'팽이는 왜 얼음판에서 잘 돌까?', '송편은 왜 솔잎을 넣고 찔까?', '지게로 어떻게 무거운 짐을 번쩍 들까?' 같은 궁금증을 이 책이 풀어 줄 거예요.

오주영

작가의 말 · 4
차례 · 6

1월

설날에 만나는 우리 과학 · 11
- 색동저고리와 천연 염색 | 물들이기
- 떡국 떡을 만드는 디딜방아
- 연날리기와 방패연
- 신나는 팽이치기
- 우리 과학 문화재 | 별을 관찰하는 '첨성대'

2월

영등맞이에 만나는 우리 과학 · 27
- 그믐에 왔다 보름에 가는 영등할머니 | 서·남해안 고기잡이
- 바닥이 평평한 배
- 배를 움직이는 돛
- 바닷가의 저장 음식
- 우리 과학 문화재 | 왜적들을 벌벌 떨게 한 '거북선'

3월

삼짇날에 만나는 우리 과학 · 47
- 먹을 수 있는 꽃 요리
- 전통 무예, 활쏘기 | 활 만들기
- 버들피리와 소리
- 삼짇날 담그는 장
- 우리 과학 문화재 | 시와 술과 흥취가 있는 '포석정'

4월 · 초파일에 만나는 우리 과학 · 63
- 연등과 한지 | 한지 만들기
- 석탑의 비밀
- 그랭이 공법과 배흘림기둥
- 절 건물을 보존하는 단청
- 물고기 잡고 노는 '천렵'
- 우리 과학 문화재 | 신비한 건물 '해인사 장경판전'

5월 · 단오에 만나는 우리 과학 · 81
- 땀을 식히는 단오 부채 | 부채 만들기
- 수리취떡에 무늬를 새긴 떡살
- 그네뛰기와 진자 운동
- 대추나무 시집보내기와 열매 맺기
- 우리 과학 문화재 | 해시계 '앙부일구'

6월 · 유두에 만나는 우리 과학 · 97
- 밀로 빚은 유두 음식과 누룩 | 누룩 만들기
- 이열치열의 과학, 모래찜질과 삼계탕
- 대나무와 등나무로 만든 피서 도구
- 김매기를 대신한 동물들
- 우리 과학 문화재 | 옛사람들의 냉장고 '석빙고'

7월 | 칠석에 만나는 우리 과학 · 113

- 은하수를 사이에 둔 직녀성과 견우성
- 우물과 숯 | 우물 청소하기
- 소에 다는 농기구
- 오작교와 우리 옛 다리
- 그물에도 들이고 옷에도 들인 감물
- 우리 과학 문화재 | 비의 양을 재는 '측우기'

8월 | 추석에 만나는 우리 과학 · 131

- 추석에 벌이는 길쌈 놀이 | 길쌈하기
- 송편과 함께 찌는 솔잎
- 차례 상에 담긴 과학
- 추석에 즐기는 강강술래와 줄다리기
- 우리 과학 문화재 | 과학으로 쌓은 '화성'

9월 | 중양절에 만나는 우리 과학 · 147

- 옹기에 담그는 국화주 | 옹기 만들기
- 작은 힘으로 무거운 짐을 번쩍 드는 '지게'
- 원심력을 담은 '도리깨'와 쭉정이를 고르는 '키'
- 우리 과학 문화재 | 과학적인 글자 '훈민정음'

10월

상달고사에 만나는 우리 과학 · 161
- 비밀을 간직한 놋그릇
- 겨울을 준비하는 김장 김치와 김치움 | 김장하기
- 편리한 이동식 난로 '화로'
- 우리 과학 문화재 | 신비한 비취색 '고려청자'

11월

동지에 만나는 우리 과학 · 177
- 24절기와 동지
- 눈 쌓인 길의 필수품 '설피' | 설피 만들기
- 겨울철 신나는 '썰매 타기'
- 우리 과학 문화재 | 외적의 침입을 알리는 '봉수'

12월

섣달그믐에 만나는 우리 과학 · 191
- 부뚜막과 구들 | 구들 놓기
- 우리 한옥의 과학성
- 지역마다 다른 집
- 우리 과학 문화재 | 영혼의 소리 '에밀레종'

설날에 만나는 우리 과학

1월

- 색동저고리와 천연 염색 | 물들이기
- 떡국 떡을 만드는 디딜방아
- 연날리기와 방패연
- 신나는 팽이치기
- 우리 과학 문화재 | 별을 관찰하는 '첨성대'

1월

❖ **설날에 만나는 우리 과학**

"새해 복 많이 받으세요!"
이렇게 인사하는 날은 언제일까요?
바로 새해 첫날인 '설날'이에요.
음력 1월 1일 설날은 한 해를 새로 시작하는 날이에요. 새 마음으로 새 옷을 입고, 새해 인사를 하지요.
옛날의 설날 풍경은 어땠을까요? 옛날 어린이들은 새해 첫날이 오기를 손꼽아 기다렸어요. 새 옷을 선물 받을 수 있기 때문이었어요. 옛날에는 요즘처럼 옷이 흔하지 않았어요. 새 옷이 생기는 날은 손으로 꼽을 수 있을 정도였지요. 사람들은 새 옷을 입고 정성껏 음식상을 마련하여 조상님께 차례를 지냈어요.
'우리 가족이 한 해를 무사히 보내고 새해를 맞을 수 있게 된 것도 다 조상님 덕입니다. 조상님, 감사합니다.'
이런 마음으로 경건하게 큰절을 했지요.
차례를 지낸 다음에는 어른들에게 세배를 했어요. '건강하게 한 해를 보내세요.' 하는 마음으로 세배를 하면, 어른들은 아이들에게 좋은 말을 들려주었어요.
"올해에도 건강해라."
"올해에는 소원을 꼭 이루길 바란다."

밥상에는 떡국이 올랐어요. 새로 시작하는 날을 맞아 깨끗한 흰 떡을 넣고 떡국을 끓여 다 함께 먹었지요.

떡국을 먹은 다음에는 신나는 놀이를 하며 하루를 보냈어요. 들판에 나가 연을 날리고, 얼음판에서 팽이를 돌렸어요.

이런 설 풍경 속에 전통 과학이 녹아 있어요.

설날 입는 새 옷에는 자연에서 염료를 얻어 물을 들이는 천염 염색의 과학이 들어 있어요. 떡국 떡을 만드는 디딜방아에서는 지레의 원리를 찾을 수 있지요. 설놀이인 연날리기에서는 연의 과학적인 모양을 배울 수 있고, 전통 놀이인 팽이에서는 관성의 법칙과 마찰력의 원리를 발견할 수 있답니다.

❖ 색동저고리와 천연 염색

설날 아침이 되면 아이들은 설레고 즐거웠어요. 알록달록 새 옷이 기다리고 있기 때문이에요. 설날이 되면 집집마다 새 옷을 지어 입었어요. 가난한 집은 가난한 집대로, 부잣집은 부잣집대로 형편에 맞추어 새 옷을 해 입었답니다. 설에 입는 새 옷이 바로 '설빔'이에요.

옛날 우리 어머니들은 옷을 짓고 남은 조각 천을 고이 모아 두었다가, 아이들의 설빔으로 색동저고리를 만들었어요. 색동저고리는 여러 색깔의 천을 잇대어 소매를 만든 저고리예요. 색동저고리를 입는 풍습은 방위를 나타내는 다섯 가지 색깔, 곧 빨강, 노랑, 파랑, 하양, 검정의 오방색이 나쁜 기운을 물리치고 복을 준다는 믿음에서 생겨났어요.

알록달록 여러 가지 색깔의 천은 자연에서 나는 재료로 직접 물을 들이는 천연 염색을 통해 얻었어요. 산과 들에 자라는 식물의 꽃, 잎, 열매, 겉껍질, 줄기, 뿌리 등이 모두 천연 염색의 재료가 되었지요. 어떤 재료를 사용하느냐에 따

꽃잎으로 만든 연지 곤지
발그름한 볼에 빨간 입술. 옛날 우리나라에서는 새색시가 결혼할 때 잇꽃으로 만든 연지 곤지를 얼굴에 찍었어요. 붉은색이 나쁜 귀신을 물리친다고 믿었기 때문이지요.

라 색이 달랐고, 같은 재료로도 염료에 몇 번을 담그고 말리느냐에 따라 하늘색, 초록색, 청록색, 파란색, 옥색 등 여러 가지 색으로 물이 들었어요.

우리 조상들은 슬기롭게도 일찍부터 자연에서 과학의 원리를 터득해 생활에 이용했답니다. 삼국 시대 때 고구려, 백제, 신라의 왕과 귀족들도 물들인 옷을 입었어요.

고구려에서는 대신들이 푸른색과 붉은색의 비단 모자를 써서 신분을 나타냈어요. 백제에서는 벼슬이 높은 사람은 보라색 옷, 그보다 벼슬이 낮은 사람은 붉은색 옷, 더 낮은 사람은 푸른색 옷을 입었어요. 벼슬에 따라 허리에 두르는 띠의 색깔도 달랐어요. 신라에서는 직위에 따라 자주색, 초록색, 파란색, 노란색 등의 옷을 입었답니다.

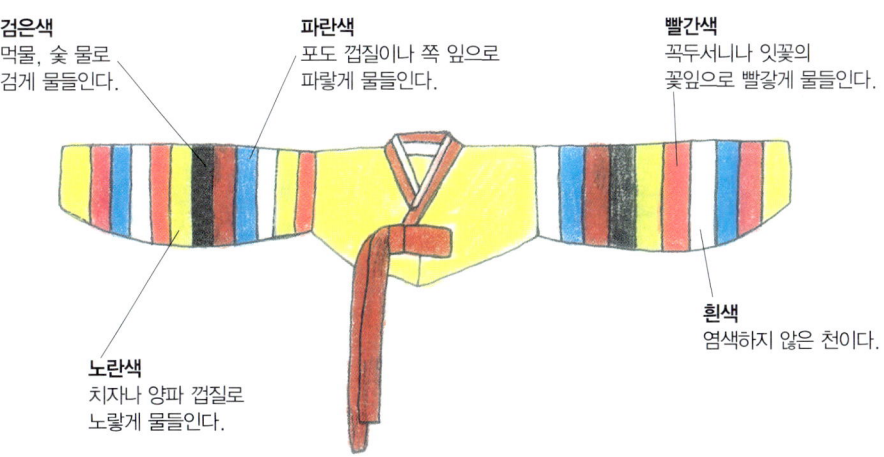

색동저고리 속의 오방색

물들이기

옛날 사람들도 울긋불긋 예쁜 색으로 물들인 옷을 입었어요. 치자, 잇꽃, 쪽, 감, 숯, 황토, 먹물, 포도, 양파, 밤 등 자연에서 얻을 수 있는 염료로 천을 곱게 물들였지요. 몇 번을 담그고 말리느냐에 따라 연한 색으로도 물들고 진한 색으로도 물들었어요.

치자 물들이기

❶ 말린 치자에 따뜻한 물을 붓고 며칠 동안 가만히 둬요. 치자 물이 우러나면 체로 찌꺼기를 걸러 내요.

치자

❷ 치자 물을 미지근하게 끓여요. 끓인 치자 물은 체에 무명천을 받쳐 걸러 내요.

❸ 치자 물에 소금이나 백반, 식초 등을 약간 넣어요. 염색이 더 잘 되도록 하는 거예요.

❹ 염색할 천을 치자 물에 담그고 열심히 주물러요.

❺ 염색한 천을 찬물에 여러 번 헹구어요. 색이 너무 연하게 들었다면 치자 물을 다시 미지근하게 끓여서 위의 과정을 반복해요.

❻ 천의 물기를 꼭 짜서 그늘에서 말려요. 치자 물을 들인 천은 꼭 그늘에서 말려야 해요. 햇볕에서 말리면 색이 날아간답니다.

❖ 떡국 떡을 만드는 디딜방아

설날 아침에는 온 가족이 둘러앉아 맛나게 떡국을 먹었어요. "떡국 한 그릇 먹어야 한 살 더 먹는다."라고 하면서요.

옛날에 떡은 명절에나 먹을 수 있는 특별한 음식이었어요. 떡의 재료인 쌀이 무척 귀했기 때문이지요. 평소에는 먹기 힘든 떡과 고기를 함께 끓여 만든 명절 음식이 바로 떡국이었어요.

떡국에 넣을 떡을 만들 때에는 쌀을 물에 불린 다음, 디딜방아에서 가루를 빻아 체로 쳤어요. 디딜방아는 발로 디디고 밟아서 곡식을 찧거나 빻는 기구예요. 보통 두 갈래로 갈라진 나무로 만들어 '양다리방아'라고 했어요(갈라지지 않은 나무로 만든 방아는 외다리방아예요). 양다리방아는 우리나라에만 있는 특별한 방아예요. 방아의 중심에 있는 두 갈래로 갈라진 기둥을 '볼씨'라고 하는데, 이 사이에 '쌀개'라 불리는 굵은 나무를 가로로 대어 방아의 받침을 만들었어요.

다리를 두 사람, 또는 네 사람이 밟으면, 그 반대편 끝에 있는 공이가 위로 들렸다 아래로 떨어지며 곡식을 찧어요. 공이가 떨어지는 아래쪽 땅에는 돌절구를 묻어 두고, 여기에 찧을 곡식을 담았답니다.

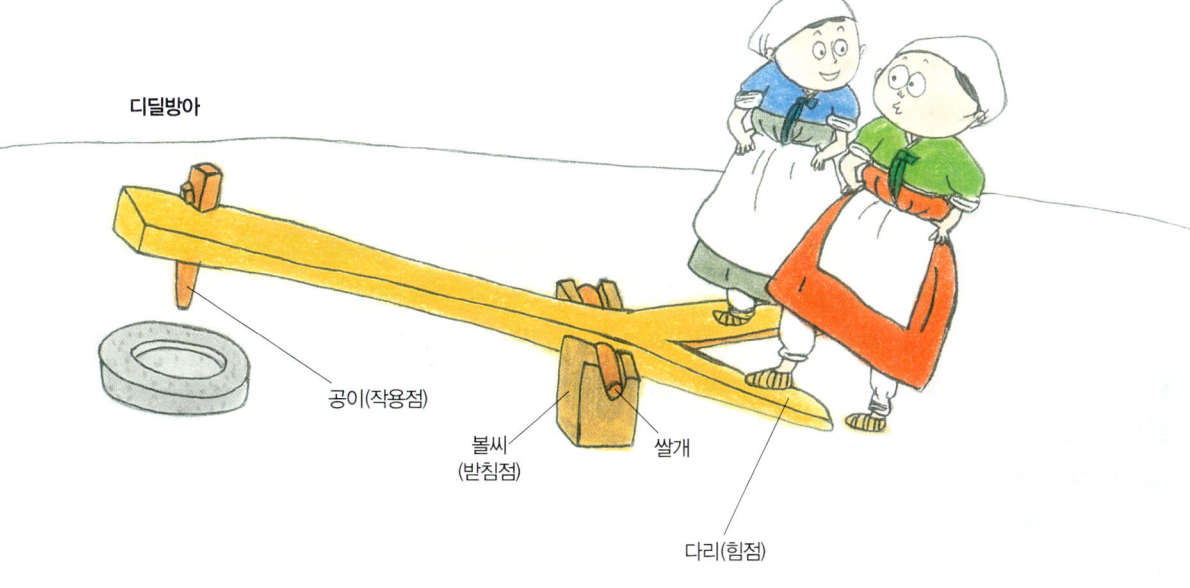

디딜방아

공이(작용점)
볼씨(받침점)
쌀개
다리(힘점)

디딜방아에는 지레의 원리가 담겨 있어요. 지레는 무거운 물건을 작은 힘으로 들 수 있게 만든 도구예요. 받침대와 막대를 써서 물체를 들어 올리지요. 힘점과 받침점 사이가 멀수록 더 작은 힘으로 물건을

지레

지레는 받침점이 고정되어 있고, 힘을 주는 힘점, 물체에 힘이 미치는 작용점으로 구성되지요.

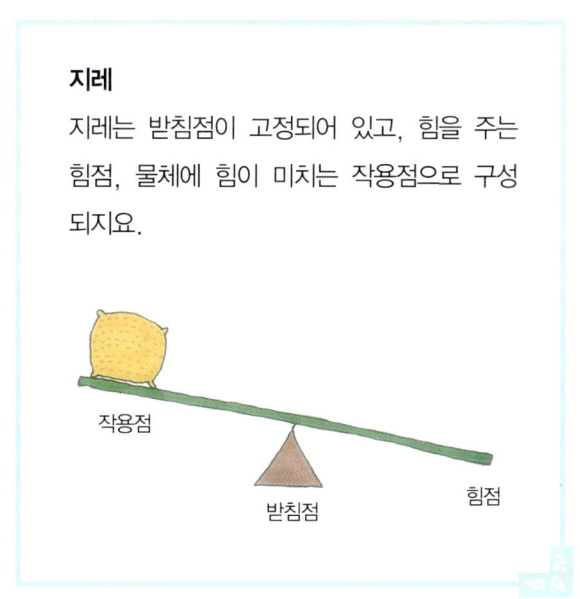

작용점 / 받침점 / 힘점

들 수 있답니다.

그런데 디딜방아는 물건을 들기 위해서가 아니라 물건을 빻기 위해 만든 도구예요. 그래서 볼씨(받침점)와 다리(힘점) 사이가 가깝게 만들어져 방아를 들어 올릴 때 좀 더 힘이 들어요. 대신 다리(힘점)의 운동 에너지가 공이(작용점)에서 최고로 커지기 때문에 곡식을 몇 배나 더 큰 힘으로 빻을 수 있답니다.

디딜방아로 빻아서 가루가 된 쌀을 물에 불려 찌면 떡 덩어리가 돼요. 이것을 떡판에 놓고 무거운 떡메로 쿵쿵 친 다음, 손으로 조금씩 떼어 비벼 둥글고 길게 쭉 늘이면 가래떡이 되지요. 가래떡을 하룻밤 굳힌 다음 칼로 썰어 떡국 떡을 만든답니다.

❖ 연날리기와 방패연

설부터 정월 대보름(음력 1월 15일)까지, 사람들은 너른 들판에서 바람을 이용해 방패연을 날렸어요. 날리는 연에는 '송액영복(送厄迎福)'이라는 말을 적었지요. 송액영복은 '나쁜 액을 날려 보내고 복을 구한다'는 뜻이에요.

정월 대보름 밤이 되면 연을 높이 띄운 다음, 실을 끊어 날려 보냈어요. 한 해 동안 일어날 나쁜 일을 연과 함께 멀리멀리 날려 버리고자 하는 마음을 담았지요.

우리나라의 전통 연인 방패연은 방패처럼 생긴 직사각형의 연이에요. 직사각형의 모습 덕에 잔바람에 흔들리지 않고, 원하는 방향으로 연을 조종할 수 있어요.

 방패연을 만들 때에는 연을 납작하게 만들면 안 돼요. 연의 가운데가 위로 솟아오르게 만들어야 해요. 경상도 지방에서는 이걸 '고'라고 하지요. 바람이 센 날에는 고를 더 높여서 연을 볼록하게 만들어 날려요. 이렇게 하면 연의 몸에 닿는 바람이 적어지고, 바람을 많이 흘려보낼 수 있어 연을 날리기가 더 쉽답니다.

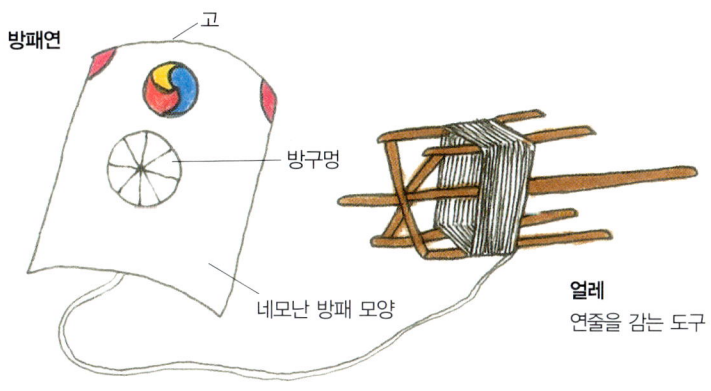

 우리나라 방패연에는 다른 연에 없는 특별한 것이 한 가지 있어요. 바로 연의 한가운데에 있는 구멍인 방구멍이에요. 연과 만난 공기는 방구멍을 통해 연의 뒤쪽으로 지나가고, 그 공기가 연의 뒤쪽에서 연을 받쳐 주기 때문에 방구멍이 있는 연은 하늘로 잘 올라가고 빠르게 움직일 수 있답니다. 그뿐만이 아니에요. 강한 바람이 불면 다른 연은 바람과 맞부딪쳐 연이 상하거나 연줄이 끊어지지만, 방패연은 바람을 방구멍으로 통과시키기 때문에 연이 상하지 않고 잘 뜬답니다.

　우리 조상들은 방패연으로 정월 대보름까지 연싸움을 벌였어요. 연싸움을 하기 위해 실에 유리 가루나 사금파리(사기그릇의 깨어진 작은 조각)를 섞은 아교풀을 고르게 묻혀 튼튼한 연줄을 만들었지요. 연을 하늘에 띄우고 서로 엇갈린 연줄을 비벼서 상대방의 연줄을 끊은 편이 이기는 거예요. 연싸움에 이긴 편은 진 편에게 맛있는 음식을 대접했어요. 진 편의 연이 이긴 편을 위해 먼 하늘로 좋은 소식을 전하러 갔다고 여겼기 때문이에요.

❖ 신나는 팽이치기

빙빙, 핑핑!

팽이를 돌리며 노는 팽이치기는 옛날 어린이들이 무척 좋아하던 놀이예요. 얼음이 꽁꽁 어는 설 무렵이면 아이들은 강, 연못, 논바닥 등 얼음 위에서 신나게 팽이를 돌렸어요.

팽이는 지방마다 부르는 이름이 달랐어요. 서울에서는 핑핑 돈다고 '팽이'라고 했고, 경상남도에서는 뺑뺑 돈다고 '뺑이'라고 했어요. 그 밖에도 핑딩, 뺑돌이, 도래기, 빼리, 뺑생이 등 전국에서 갖가지 이름으로 불렀어요.

팽이가 처음 어떻게 생겨났는지는 분명하지 않아요. 아마 도토리같이 바닥에 돌리면 핑핑 도는 열매 등을 갖고 놀다가 누군가가 만들어 냈을 거라고 해요.

팽이는 축을 중심으로 둥근 몸이 핑핑 도는 장난감이에요. 팽이에는 재미난 '관성의 법칙'이 들어 있어요. 관성이란 정지하고 있거나 움직이는 물체가 밖에서 힘을 받지 않는 한 그 상태를 계속 유지하려는 성질을 말해요. 회전하는 팽이는 계속 같은 방향으로 회전하려는 관성을 가져요. 이렇게 회전 운동을 계속하려는 관성을 회전 관성이라고 해요. 돌고 있는 팽이가 무거울수록 회전 관성은 더 커지지요.

팽이에서는 마찰력의 원리도 찾을 수 있어요. 마찰력은 두 물체가 맞닿아 운동할 때, 맞닿은 면을 따라 그 운동을 방해하는 힘을 말해요. 미끄러운 곳일수록 마찰력이 작고, 울퉁불퉁한 곳일수록 마찰력이 크지요.

팽이치기는 주로 겨울철에 즐기는 놀이였어요. 왜 그랬을까요?

팽이치기는 매끄러운 바닥에서만 할 수 있어요. 바닥이 매끄러워야 마찰이 작아 관성이 오래 지속되기 때문이에요. 그런데 옛날에는 요즘처럼 매끄러운 장판이나 돌바닥이 없었어요. 얼음판이 가장 매끄러운 바닥이었지요. 그래서 옛날에는 얼음이 어는 겨울에 주로 팽이치기를 즐겼답니다.

별을 관찰하는 '첨성대'

동양에서 가장 오래된 천문대는 무엇일까요?

바로 우리나라 경주에 있는 첨성대랍니다.

첨성대는 지금으로부터 1500여 년 전, 신라 선덕여왕 때 하늘을 관찰하기 위해 세웠어요. 신라의 천문학자들은 밤하늘을 보고 앞날을 살폈거든요.

"나라가 잘되고 못되는 건 하늘의 뜻에 달려 있어."

"하늘의 뜻은 하늘의 변화를 보면 알 수 있어. 밤하늘의 별을 잘 관찰하자."

이런 생각으로 열심히 밤하늘을 관찰했지요.

경주에 있는 첨성대는 '별을 보는 대'라는 뜻을 가진 천문대예요.

첨성대는 모양이 무척 특이해요. 9미터 높이로, 우물 같기도 하고 호리병 같기도 한 모습이에요. 세계 어느 나라에서도 첨성대와 비슷한 건물을 찾아볼 수 없지요. 또 첨성대는 동서남북 어느 방향에서 보나 똑같은 모양을 하고 있어서 그 그림자를 재 시간을 알아볼 수 있어요. 해시계의 역할도 한 거예요.

첨성대는 맨 아래 네모난 기단부, 가운데 둥그런 원통부, 맨 위 네모난 상단부, 이렇게 세 부분으로 나누어 볼 수 있어요.

기단부에는 네모난 받침대가 2단으로 쌓여 있는데(한 단은 땅속에 있어 잘 보이지 않아요), 받침대의 방향은 동서남북에 정확히 맞춰져 있어요. 원통부는 27단으로 돌이 둥글게 쌓여 있고, 가운데에 창이 뚫려 있어요. 27단 중 바닥에서 창문 아래까지가 12단, 꼭대기에서 창문 위까지가 12단으로, 이것은 24절기를 뜻해요. 또 첨성대를 이루고 있는 화강암의 숫자는 365개로, 이것은 365일 1년을 뜻해요. 상단부에는 돌이 '우물 정(井)'자 모양으로 맞물려 2단으로 쌓여 있어요.

원통부의 창 아래쪽은 돌과 흙으로 채워져 있고, 창 위쪽은 텅 빈 채 하늘을 향해

뚫려 있어요. 남쪽 창틀에 사다리를 걸었던 자국이 있는 것으로 보아 사람들이 창까지 사다리를 걸쳐 놓고 올라갔다는 것을 알 수 있어요. 창까지 올라간 다음에는 창 안쪽에 사다리를 걸치거나 안쪽 벽의 울퉁불퉁한 면에 발을 디뎌서 상단부까지 올라갔을 거예요. 첨성대 상단부에 오른 신라의 천문학자들은 관측기구를 써서 밤하늘의 움직임을 살피고 하늘의 뜻을 알아내려 했지요.

첨성대는 신라의 높은 과학 수준을 보여 주는 귀중한 문화재예요. 첨성대를 보면 우리 조상이 하늘에 무척 관심이 많았고, 별자리 등을 과학적으로 관찰하고 설명하기 위해 노력했다는 걸 알 수 있답니다.

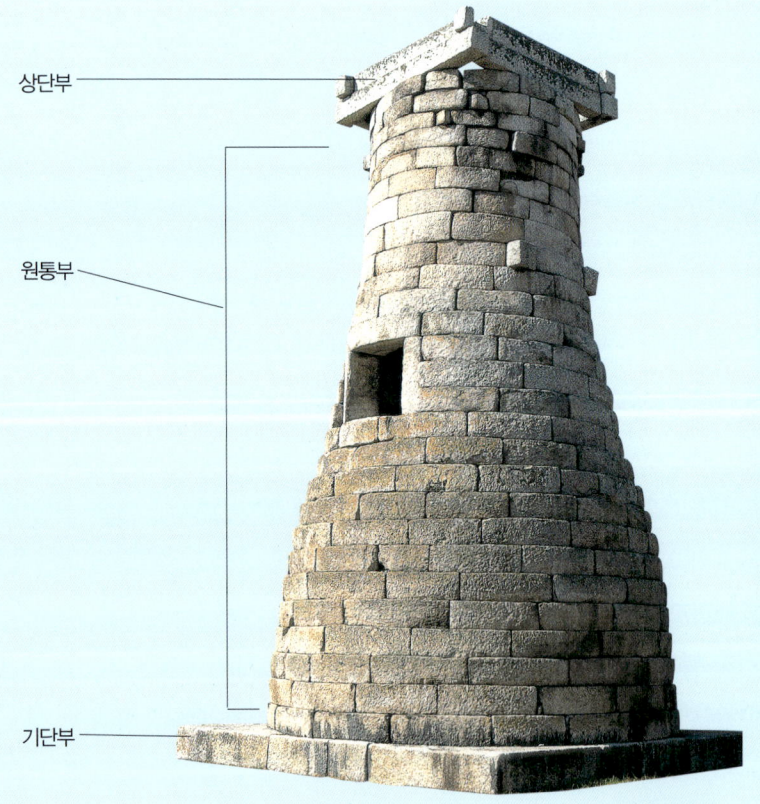

경주 첨성대

영등맞이에 만나는 우리 과학

2월

- 그믐에 왔다 보름에 가는 영등할머니
  | 서·남해안 고기잡이
- 바닥이 평평한 배
- 배를 움직이는 돛
- 바닷가의 저장 음식
- 우리 과학 문화재 | 왜적들을 벌벌 떨게 한 '거북선'

2월

❖ 영등맞이에 만나는 우리 과학

"오늘은 바람이 잘 불어야 하는데."

바다에서 고기를 잡으며 살아가는 사람들에게 바람은 무엇보다 큰 걱정거리예요. 바람이 시원하게 불어 줄 때는 좋지만, 바람이 너무 거세게 불면 큰 파도가 출렁거려 배가 뒤집힐 수도 있거든요.

음력 2월은 '바람달' 이라고도 해요. 바람이 얼마나 변덕스럽게 부는지 고깃배가 혼쭐이 나고 돌아오는 일이 생긴답니다. 우리 조상들

은 바람을 다스리는 영등할머니가 심술 바람을 몰고 땅으로 내려온다고 생각했어요. 그래서 음력 2월 1일이 되면 영등할머니에게 제사를 지내고 정성껏 모셨어요. 이것을 '영등맞이'라고 해요. 바람의 신에게 제사를 지낸다는 뜻으로 '풍신제'라고도 하지요. 지금도 바닷가에서는 해마다 영등맞이를 하고 있어요.

"영등할머니, 고기 잘 잡게 좋은 바람 불어 주세요."
"거센 바람이 불면 농사를 망치니 시원한 바람만 불어 주세요."

영등맞이를 하는 날에는 모두가 한마음이 되어 영등할머니에게 소원을 빌어요. 이날은 특히 바람이 심하게 부는데, 영등할머니가 내려와 있기 때문이라고 해요. 영등할머니가 내려와 있는 동안에는 배 타는 일을 삼간답니다.

영등할머니는 보름께에 하늘로 돌아가요. 이때에는 '바닷길 갈라짐'을 서해와 남해 여러 곳에서 볼 수 있어요. 물이 많이 빠지면서 바닷길이 열려 육지와 섬이 연결되는 거예요.

영등맞이를 하는 바닷가의 풍경 속에서 전통 과학을 찾아볼까요?

영등맞이는 음력 2월 초하루에 시작해 보름께에 끝나는데, 여기에는 바다와 달의 밀접한 관계를 아는 조상들의 지혜가 들어 있어요. 또 달에 의해 생기는 썰물과 밀물에 따라 물고기 잡는 법이 달랐고, 물고기 잡는 어구가 달랐고, 배의 모양이 달랐답니다. 물고기를 말리고 젓갈을 담그는 데도 과학적인 방법이 쓰였지요.

❖ 그믐에 왔다 보름에 가는 영등할머니

　영등할머니는 그믐달이 뜬 초하루에 땅으로 내려오는데, 올 때에는 꼭 딸이나 며느리를 데리고 온다고 해요. 딸을 데리고 올 때에는 딸을 예쁘게 보이려고 바람을 불러 치마를 휘날리게 하고, 며느리를 데리고 올 때에는 며느리를 밉게 보이려고 비를 불러 치마를 얼룩지게 한대요. 사람들은 음력 2월 첫날 바람이 불면 "영등할머니가 딸이랑 오나 보다."라고 했고, 비가 오면 "영등할머니가 며느리랑 오나 보다."라고 했답니다.

　영등할머니는 달이 꽉 차는 음력 2월 보름 무렵부터 2~3일 동안 하늘로 돌아가요. 이 무렵은 일 년 중 바닷물이 제일 많이 들어오고 나가는 때예요.

　바닷물이 들어오는 '밀물'과 바닷물이 나가는 '썰물'은 달과 지구의 끌어당기는 힘에 의해 생겨요. 세상의 모든 물체는 끌어당기는 힘을 갖고 있어요. 태양도, 달도, 지구도 모두 다 끌어당기는 힘을 갖고 있답니다.

　달과 지구가 일직선으로 놓일 때, 달의 끌어당기는 힘이 커져 바닷물이 달 쪽으로 부풀어 오르면서 밀물이 되지요. 이때 반대편 지구의 바닷물은 달이 끌어당기는 힘이 아니라 지구가 스스로 도는 자전에 의한 원심력 때문에 부풀어 올라요. 예를 들어 우리나라 바다가 밀물이 될 때, 지구 반대편에 있는 우루과이의 바다 역시 밀물이 된답니다. 지구가 하루에 한 번 자전을 하는 동안 한 번은 달이 끌어당기는 힘에 의해, 또 한 번은 원심력에 의해 두 번의 밀물이 생기게 되는 거예요.

 밀물과 썰물의 차이가 가장 큰 날은 음력 15일, 보름달이 뜰 때예요. 보름달은 태양과 달과 지구가 일직선으로 한 줄에 놓일 때에 뜨는데, 이때는 달이 끌어당기는 힘에다가 태양이 끌어당기는 힘까지 더해져 지구의 바닷물이 더 크게 달 쪽으로 부풀어 올라요. 물이 빠지는

썰물도 다른 때보다 크게 일어난답니다. 밀물과 썰물의 차이가 가장 큰 이 시기를 '사리'라고 해요.

 영등맞이가 끝나는 보름 즈음 서해와 남해에서는 바닷길이 갈라지는 신기한 현상이 일어나요. 보통 때보다 큰 썰물 덕에 일어나는 일이에요. 영등맞이 무렵 사리에 일어나는 현상이라고 하여 '영등사리'라고 부르지요. 물이 쭉 빠지며 다른 곳보다 높이 솟아 있던 땅이 드러나 육지와 섬이 이어지기도 하고 섬과 섬이 이어지기도 해요. 전라남도 진도와 여수 등에서 볼 수 있어요. 이때가 되면 사람들은 바닷길이 갈라진 신기한 모습을 보며 해산물을 채취하기도 하고 축제를 열기도 한답니다.

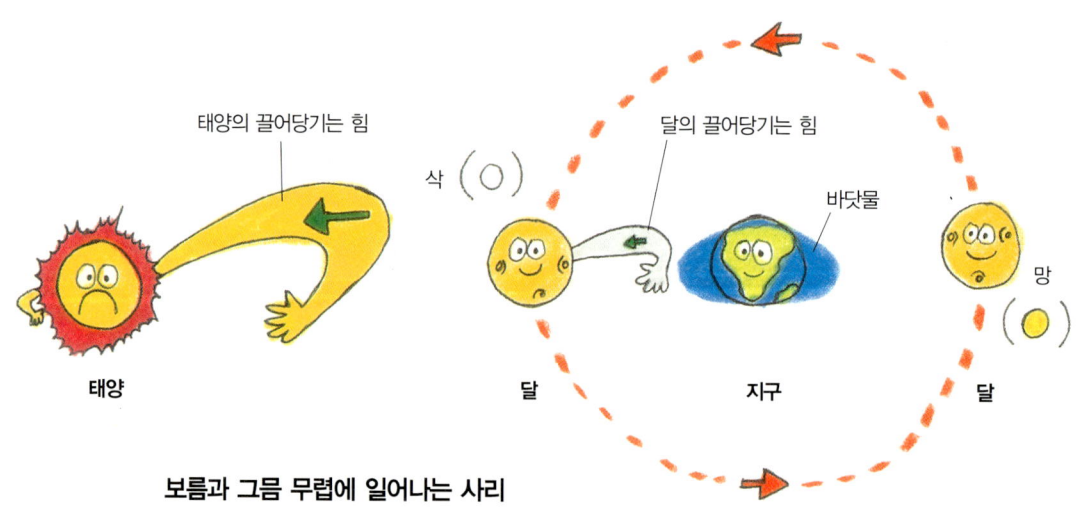

보름과 그믐 무렵에 일어나는 사리

달과 음력

우리 조상들은 달이 지구를 한 바퀴 도는 시간을 기준으로 달력을 만들었어요. 이걸 '음력'이라고 해요. 달이 지구를 한 바퀴 도는 데 걸리는 시간은 29.5일이에요. 그래서 우리 조상들은 음력 달력에서 29일과 30일을 번갈아 썼지요. 음력 초하루(1일)에는 그믐달이 떠요. 달이 보이지 않거나 실눈썹처럼 보인답니다. 그 후 달이 점점 차올라 음력 보름(15일)에는 둥근 보름달이 떠요. 그 후로는 점점 줄어들어 마지막 날에는 그믐달로 돌아가지요. 우리 조상들은 달의 모양을 보고 "오늘이 보름이군.", "오늘이 초하루네." 하고 날짜를 셈했답니다.

* 그림의 날짜는 음력이에요.

서·남해안 고기잡이

어부들은 바다와 달이 얼마나 친한지 잘 알고 있었어요. 달은 어부들에게 자연이 준 달력과 같았지요. 밀물과 썰물의 차가 심한 서·남해안 지역의 어부들은 어떤 달이 떴을 때 어떻게 물고기를 잡아야 안전한지 훤히 알았어요. 그래서 상현과 하현이 떴을 때, 보름달과 그믐달이 떴을 때 물고기를 잡는 법이 달랐답니다.

낚시로 낚기

음력 5~8일, 20~23일경 상현과 하현이 뜰 즈음에는 썰물과 밀물의 차가 크지 않아 바다가 잔잔해요. 이때에는 낚시를 하면 좋아요. 배를 타고 낚시를 할 때에는 긴 모릿줄에 짧은 가짓줄을 여러 개 달아, 가짓줄에 미끼를 끼운 낚싯바늘을 물속에 드리웠어요. 이 도구를 '주낙'이라고 해요. 주낙으로는 그물 없이도 한 번에 여러 마리의 물고기를 잡을 수 있었어요.

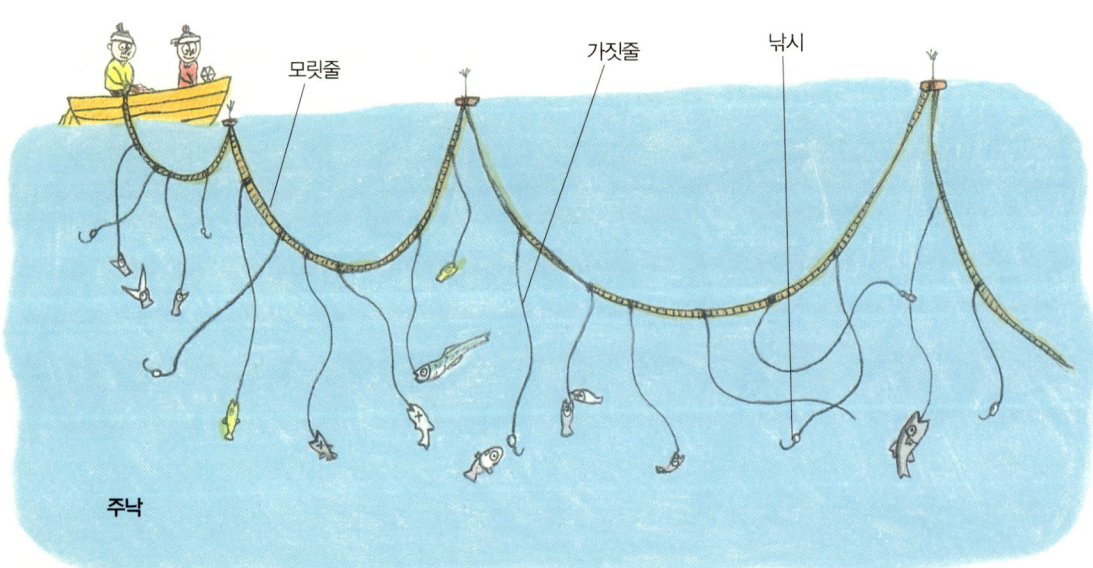

주낙

그물로 낚기

음력 12~18일, 27~3일경 보름달과 그믐달이 뜰 무렵에는 썰물과 밀물의 차이가 크고 물의 흐름이 빨라요. 이때는 밀물과 썰물을 타고 오가는 물고기 떼를 그물로 잡았어요. '중선망'은 입구는 넓고 끝은 좁은 고깔 모양의 그물이에요. 배의 양쪽에 수해를 고정하고 암해를 물속에 내려 그물의 입을 벌려 두면 고기 떼가 물살을 타고 그물 안으로 들어왔지요.

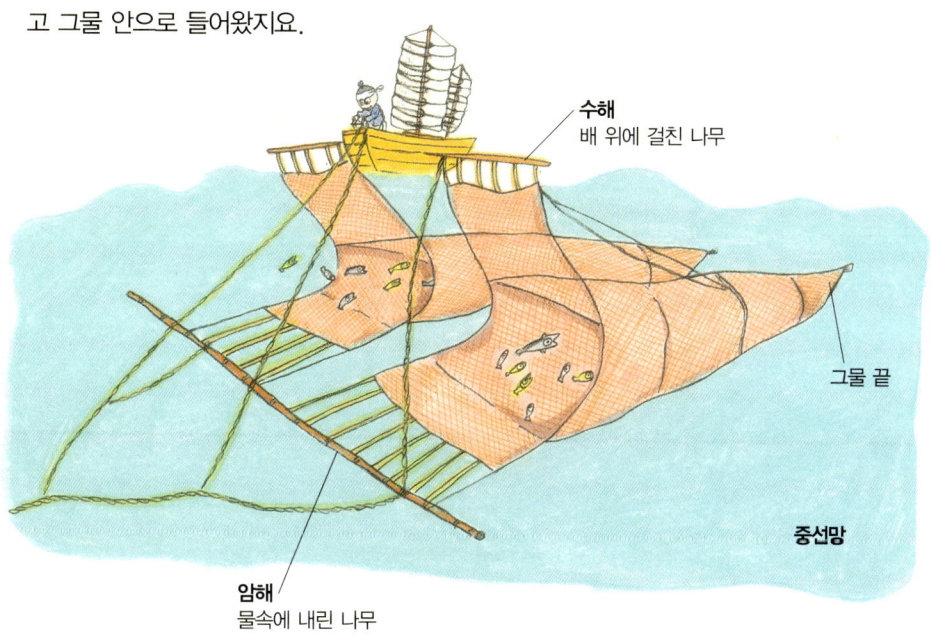

수해 배 위에 걸친 나무

그물 끝

암해 물속에 내린 나무

중선망

돌발로 낚기

돌발은 바닷가 얕은 해안에 반달 모양으로 길게 쌓은 돌담이에요. 밀물이 되어 돌발이 바닷물에 잠기면 물고기들이 돌발 안으로 들어와요. 썰물이 되어 물이 빠지면 돌발 안에서 빠져나가지 못한 물고기들을 잡을 수 있답니다.

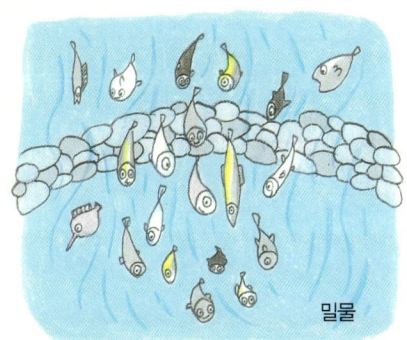
밀물

썰물

❖ 바닥이 평평한 배

우리 조상들은 먼 옛날부터 바다와 함께 살며, 바다에서 고기를 잡았답니다. 배 만드는 솜씨도 그만이었지요.

우리 전통 배의 가장 큰 특징은 바닥이 평평하다는 거예요. 우리나라 서해안과 남해안은 밀물과 썰물의 차가 크고 널따란 갯벌이 있어요. 해안의 바닥이 얕아 물도 깊지 않지요. 그래서 바닥이 평평한 배를 만들었답니다.

바닥이 평평한 배는 물에 잠기는 부분이 깊지 않아 밀물과 썰물이 들고 나가는 서해안의 얕은 바다에서도 문제없이 다닐 수 있어요. 또, 배의 바닥이 뾰족하면 얕은 바다에서는 자칫 암초에 걸려서 꼼짝 못할 수도 있는데, 바닥이 평평한 배는 암초에 걸리지 않고 갯벌에 잘 정박할 수 있답니다. 게다가 평평한 배는 밀물을 타고 갯가로 들어와, 썰물 때 갯바닥에 그대로 편하게 앉을 수도 있어요. 이런 이로움 때문에 우리나라의 배는 모두 바닥이 평평하게 만들어졌어요.

먼 옛날에는 통나무를 엮어서 뗏목을 만들었어요. 뗏목은 지금도 동해안과 남해안에서 찾아볼 수 있어요. 제주도에서는 '테우'라고 하는 뗏목을 만들어 썼는데, 뗏목 위에 나무로 의자를 만들어 걸터앉을 수 있도록 했지요. 한가운데 돛대를 세우고 돛을 달 수도 있어요.

'한선'이라고 부르는 우리 고유의 배는 고려 시대에 모양이 완성되었어요. 한

테우

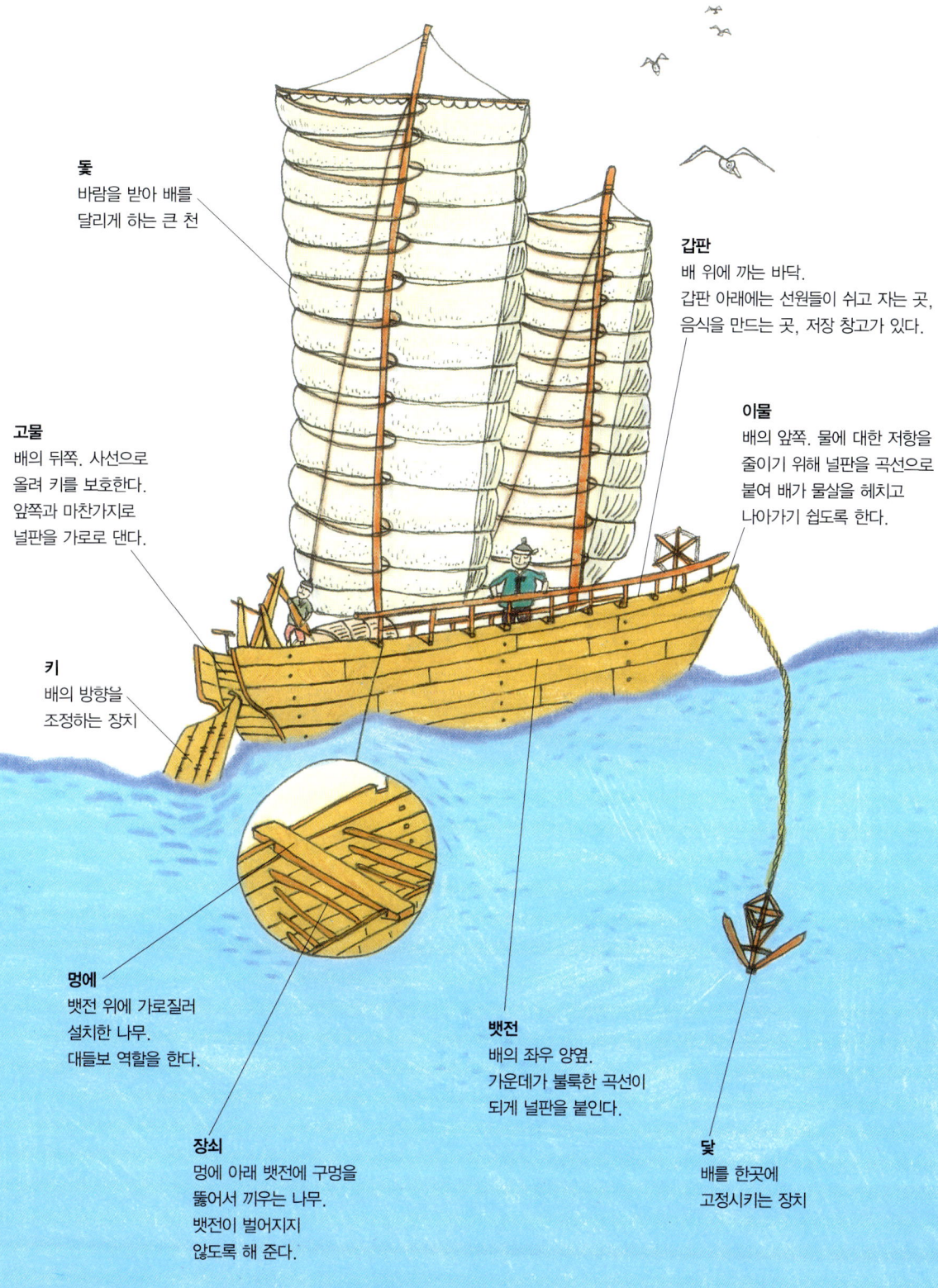

선의 바닥은 뗏목과 똑같이 평평했어요. 배를 만들 때에는 바닥의 밑판을 만들고, 밑판이 완성되면 배의 양옆인 뱃전을 밑에서부터 붙여 올렸어요. 뱃전을 다 올리면 배의 앞쪽인 이물과 뒤쪽인 고물을 막고, 장쇠와 멍에라는 나무를 건 뒤 갑판을 깔았답니다.

❖ 배를 움직이는 돛

우리나라에서는 돛을 달지 않는 배도 만들었어요. 사람과 물건을 태우고 물살이 잔잔한 강을 건너던 나룻배는 돛 없이 사람의 힘으로 노를 저어 건넜어요. 노는 배의 뒤인 고물 쪽에서 저었답니다. 강을 건너는 사람들은 뱃삯으로 사공에게 곡식이나 베, 돈을 주었어요.

하지만 먼바다로 나가 고기잡이를 하거나, 짐을 많이 싣거나, 멀리까지 갈 때에는 꼭 배에다 돛을 달았어요. 돛을 달고 바람을 타고 가야 더 빨리, 더 쉽게 움직일 수 있었기 때문이에요. 돛은 바람을 이용해 배를 움직이는 중요한 도구였답니다.

우리 조상들은 돛을 만들 때 질긴 무명천을 이어서 넓고 네모난 천을 만든 다음, 붉은 황토물에 담가 삶았어요. 천에 황토물이 들면, 올 사이사이가 진흙으로 막혀 바람이 빠져나가는 걸 막을 수 있었어요. 이렇게 만들어진 돛은 거센 바람에도 끄떡없이 튼튼했어요. 황토물을 들인 천은 곰팡이가 피지 않고 색도 변하지 않았답니다.

불과 30여 년 전만 해도 강이나 바다에서 황토물을 들인 황포 돛을 단 배를 볼 수 있었어요. 짐을 실어 나르는 황포 배가 쌀, 숯, 젓갈, 생선, 소금 등을 육지까지 싣고 왔지요. 밀물 때 배를 움직여 바다에서 강을 타고 항구로 거슬러 올라왔다가, 썰물 때 바람의 힘으로 강에서 바다 쪽으로 내려갔답니다.

다른 나라를 오갈 때도 바람의 힘을 이용했어요. 중국을 오가는 무역선은 2개의 커다란 돛을 달고 계절풍을 이용해 바다를 달렸어요. 여름에는 남동 계절풍을 타고 중국으로 건너갔고, 겨울에는 북서 계절풍을 타고 우리나라로 건너왔지요.

황포 배

바람과 계절풍

하늘을 가득 채우고 있는 공기는 한곳에 가만히 있지 않고 움직여요. 공기의 움직임은 온도 차이로 인해 생겨요. 햇볕을 받아 따뜻해진 공기는 부피가 커지면서 가벼워져 위로 올라가요. 반면 온도가 낮은 곳에 있는 차가운 공기  는 부피가 작아지며 무거워져 아래로 내려가 따뜻한 공기가 있던 자리를 메우게 되지요. 이렇게 차가운 공기는 따뜻한 공기 쪽으로, 따뜻한 공기는 차가운 공기 쪽으로 돌고 돈답니다. 이 가운데 땅 가까운 데서 일어나는 공기의 흐름, 그러니까 찬 공기가 따뜻한 공기 쪽으로 이동해 가는 것이 바로 '바람'이에요.

계절풍은 대륙과 바다 사이에서 계절을 따라 여름과 겨울에 방향이 바뀌는 바람이에요. 대륙은 바다보다 빨리 식고 빨리 뜨거워져요. 겨울철에는 대륙이 바다보다 빨리 차가워지기 때문에 대륙에서 바다 쪽으로 북서풍이 불어요. 여름철에는 대륙이 바다보다 빨리 뜨거워지기 때문에 바다에서 대륙 쪽으로 남동풍이 불지요.

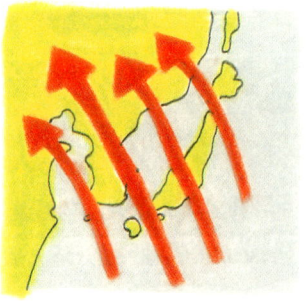

여름 남동 계절풍

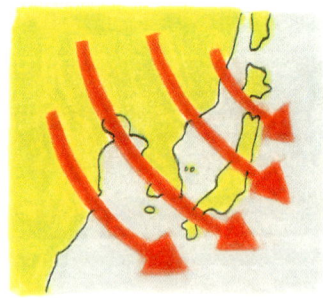

겨울 북서 계절풍

❖ 바닷가의 저장 음식

"아유, 며칠만 지나면 물고기가 썩으니……."
"오랫동안 보관할 방법 없나?"

옛날 사람들은 애써 잡은 물고기가 금세 상해 버리는 게 속상했어요. 그래서 물고기를 오래 보관할 수 있는 방법을 찾고 또 찾았어요. 결국 물고기에 소금을 치면 물고기가 쉽게 상하지 않는다는 사실을 알아냈어요. 소금을 친 물고기를 말리면 더 오랫동안 상하지 않는다는 것도 알아냈지요. 이렇게 해서 말린 물고기가 생겨났어요.

하루는 전라남도 영광의 법성포에서 말린 조기를 먹은 이자겸이 감탄을 했어요.

"어허, 맛이 정말 좋다!"

이자겸은 한때 고려의 왕에게 딸들을 시집보낸 뒤, 왕보다 큰 권력을 손에 쥐고 나라를 흔들던 사람이에요. 자기가 저지른 잘못 때문에 영광 법성포로 유배를 온 참이었지요. 한데 이곳에서 맛이 입에 착착 감기는 말린 생선을 발견한 거예요.

"이 생선을 임금님께 바쳐야겠군."

이자겸은 이 말린 생선을 나라에 올리며, 생선의 이름을 '굴비'라고 붙였어요. 굴비는 '비굴하지 않다'는 뜻이에요. '제가 이 말린 생선을 올리는 건 제 잘못을 용서받고 목숨을 구걸하려는 비굴한 뜻이 아닙니다.'라는 뜻을 담아 만든 이름이지요. 지금도 소금에 절여서 말린 조기를 굴비라고 해요.

굴비 두름
굴비를 볏짚으로 한 줄에 열 마리씩, 스무 마리 엮은 것을 '한 두름'이라고 한다.

건조대
햇살을 잘 받을 수 있게 건조대를 비스듬히 만든다.

조기는 따뜻한 물을 좋아하는 물고기라 봄과 여름에 서해안에서 잘 잡혀요. 어부들은 잡은 조기를 배도 가르지 않은 채 통째로 소금에 절였어요. 소금에 절인 조기를 스무 마리씩 볏짚으로 엮은 다음, 건조대에 널어 말려 굴비를 만들었지요.

참조기
서해 앞바다에서 잡은 참조기는 배 부분이 노란 황금색을 띤다.

건조대는 나무로 만들었는데, 밑은 넓게 벌리고 위는 좁게 사다리처럼 만들었어요. 그 위에 조기를 건 다음, 바닷바람에 자연스럽게 마를 때까지 기다렸어요. 이렇게 조기를 말리는 데는 한 달에서 길게는 석 달 정도 걸렸답니다. 어떤 곳에서는 건조대 바닥에 구덩이를 파고 숯불을 피워 말리기도 했어요.

우리 조상들은 물고기를 오래 보관하기 위해 말리는 방법뿐 아니라 발효시키는 방법도 썼어요. 물고기의 살이나 알과 내장, 조개, 새우 등을 소금에 절여 삭혀서 발효 식품인 '젓갈'을 담그는 거예요. 해산물에 소금을 많이 치고 항아리에 넣어서 땅에 묻어 두면, 해산물이 바깥의 미생물과 효소 작용을 일으켜 살이 연해지며 독특한 맛과 향기를 가진 발효 식품이 된답니다. 젓갈에는 단백질을 비롯한 영양이 풍부해 건강에도 좋아요.

역사책 《삼국사기》를 보면 신라의 궁궐에서 '해'를 상에 차렸다는 이야기가 쓰여 있어요. 해는 젓갈의 옛 이름으로, 삼국 시대에 벌써 젓갈을 음식으로 만들었다는 것을 알 수 있어요.

우리 과학 문화재

왜적들을 벌벌 떨게 한 '거북선'

조선 선조 때의 일이에요. 이순신 장군은 왜적으로부터 나라를 지키기 위해 튼튼하고 강력한 배를 만들기로 했어요.

"판옥선을 개조해 왜적을 물리칠 수 있는 강한 배를 만들자!"

판옥선은 한선을 잇는 배로, 조선 시대에 만들어져 바다를 지켰어요. 한선처럼 배 밑바닥이 평평했지요.

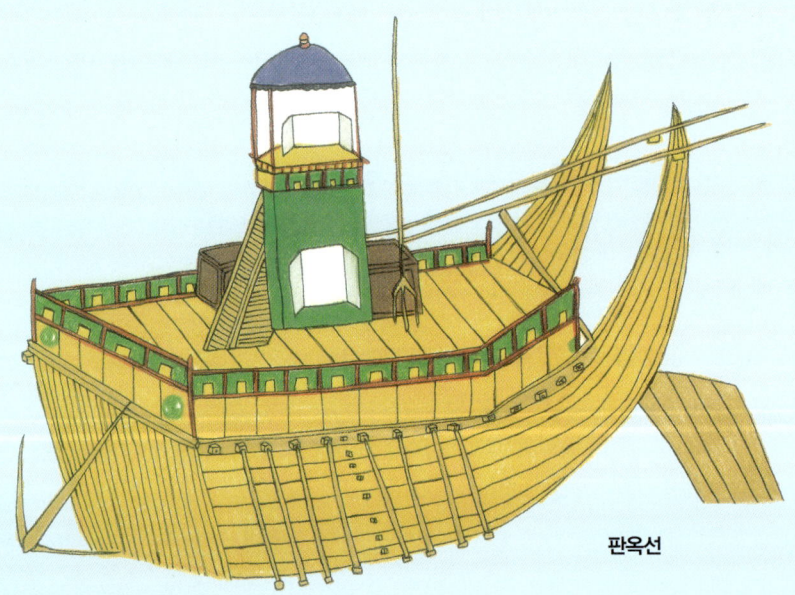

판옥선

판옥선은 갑판이 2층 구조로 되어 있어서 키가 무척 컸어요. 1층 갑판은 노를 젓는 곳이었어요. 배의 양옆으로 노를 뺄 수 있는 구멍이 10여 개 있었고, 노 하나에 5~6명이 매달려서 모두 100~120명이 힘차게 노를 저었어요.

2층 갑판은 전투를 하는 곳이었어요. 2층에는 '장대'라는 높은 건물이 있었는데, 이곳에서 장수가 병사들에게 지휘를 했어요. 갑판 주위에서는 군사들이 방패를 둘러 몸을 보호하고, 화포를 겨누어 적을 공격했지요. 2층 갑판은 1층으로 된 일본의 왜선보다 높았기 때문에 화포를 쏘거나 활을 쏘는 데 유리했답니다.

거북선

이곳으로 화포를 쏘았다.　　노 하나를 5~6명이 힘차게 저었다.

이순신 장군은 거북 등껍질 같은 것을 배 위에 올리면 어떤 무기도 다 막아 낼 수 있을 거라고 생각했어요. 그래서 판옥선 위에 마치 거북 등껍질처럼 철갑으로 덮개를 덮었어요. 또 그 위에 뾰족한 쇠못을 꽂아 왜적이 배 위에 탈 수 없게 했지요. 뱃머리에는 입에서 대포가 나오는 용머리를 달았고, 꼬리에도 대포를 달아 뒤에서도 쏠 수 있게 했어요.

"우아, 정말 무섭게 생겼다!"

"으악, 괴물 배다!"

왜적들은 거북선을 보고 깜짝 놀랐어요. 그리고 거북선이 날쌔게 다가와 화포를 쏘자 벌벌 떨며 부리나케 도망쳤어요.

거북선은 왜적들의 배를 빠르게 쫓을 수 있었어요. 거북선에는 노를 젓는 사람들이 많았기 때문에, 다른 배와 달리 빠른 속도로 나아갈 수 있었던 거예요. 재빨리 적의 배로 다가가 공격을 할 수 있었고, 적을 따라잡거나 따돌리는 데도 으뜸이었지요.

우리나라는 이순신 장군과 거북선 덕에 왜적들을 무찌를 수 있었답니다.

거북선은 몇 층짜리 배일까?

학자들마다 거북선이 1층짜리 배라고도 하고, 2층짜리 배라고도 해요. 지금 곳곳에 만들어져 있는 거북선 모형은 1층짜리 배로, 같은 공간에서 노를 젓고 화포를 쏘게끔 되어 있어요. 하지만 어떤 학자들은 거북선이 판옥선과 같은 2층짜리 배라고 해요. 1층에서는 노를 젓고, 2층에서는 화포를 쏘며 전투를 벌였을 거라고 하지요. 어느 쪽의 말이 정답인지는 정확히 알 수 없어요. 거북선이 모두 사라진 데다, 정확한 기록이 남아 있지 않기 때문이에요.

삼짇날에 만나는 우리 과학

3월

- 먹을 수 있는 꽃 요리
- 전통 무예, 활쏘기 | 활 만들기
- 버들피리와 소리
- 삼짇날 담그는 장
- 우리 과학 문화재 | 시와 술과 흥취가 있는 '포석정'

3월 ❖ 삼짇날에 만나는 우리 과학

"꽃 피고, 새 울고, 나비 날고! 봄이네, 봄이야!"

동네 아낙들이 뒷산에 모여 까르르 웃어 댔어요. 아낙들은 찹쌀가루 반죽에 꽃을 넣은 화전을 부치며 와글와글 수다를 떨었어요.

음력 3월은 봄이 시작되는 달이에요. 음력 3월 3일 삼짇날은 봄바람이 불고, 꽃이 활짝 피어나고, 추위를 피해 강남으로 떠나갔던 제비가 돌아오고, 겨울잠 자던 뱀이 깨어나는 날이랍니다. 우리 조상들은 3을 특별한 행운의 수로 여겼어요. 그래서 3이 두 번이나 들어간 3월 3일을 무척 특별하게 생각했지요. 우리 조상들은 삼짇날에 새로운 변화가 일어나 세상의 온갖 것들이 다시 살아난다고 믿었답니다.

삼짇날이 되면 봄놀이를 갔어요. 맛있는 먹을거리와 술을 가지고 산으로 들로 나들이를 가서 따뜻한 봄기운을 듬뿍 받았답니다. 가장 먼저 보는 동물을 보고 한 해의 운수를 점치기도 했어요.

개구리를 보면 먹을 복이 생긴다고 믿었고, 뱀을 보면 운수가 좋아진다고 믿었어요. 노랑나비나 호랑나비를 보면 소원이 이루어진다고 믿었고, 흰나비를 보면 부모님이 돌아가실지도 모르는 나쁜 징조라고 믿었답니다.

아낙들이 화전을 부치는 동안, 아이들은 풀을 뽑다

풀각시 인형을 만들고, 버드나무 가지로 피리를 만들어 불며 놀았어요. 한편에서는 남자들이 편을 갈라 활쏘기를 했어요.

참, 삼짇날에 장을 담그는 집도 있었어요. 삼짇날에 장을 담그면 특별히 맛있게 된다고 믿었기 때문이에요.

삼짇날에서 전통 과학을 찾아볼까요?

화전에는 자연의 색을 이용해 음식에 물을 들이는 지혜가 담겨 있어요. 활쏘기에서는 탄성력을 배울 수 있고, 버들피리에서는 소리를 내는 원리를 찾을 수 있어요. 삼짇날 담그는 장에서는 용액의 농도가 진할수록 물체가 잘 떠오르는 화학의 원리를 알아볼 수 있답니다.

❖ 먹을 수 있는 꽃 요리

우리 조상들은 꽃을 눈으로도 즐기고 입으로도 즐겼어요. 삼짇날이 되면 진달래 꽃잎을 넣고 찹쌀가루를 둥글납작하게 부쳐서 만든 진달래 화전을 먹었답니다. 오늘날의 프라이팬이라 할 수 있는 번철을 돌 위에 올리고 아래에 불을 피워 화전을 부쳤지요. 번철 대신 솥뚜껑을 쓰기도 했어요.

삼짇날에는 진달래 화채도 만들어 먹었어요. 진달래 꽃잎을 녹말가루에 묻혀 살짝 튀긴 뒤, 설탕이나 꿀을 넣어  달게 만든 오미자즙에 띄워 먹었답니다. 진달래와 비슷한 철쭉은 먹을 수 없는 꽃이라 '개꽃'이라 했지만, 진달래는 먹을 수 있는 꽃이라 '참꽃'이라고 불렀어요. 진달래꽃뿐 아니라 벚꽃, 배꽃, 매화로도 화전을 만들었어요.

꽃으로 만든 음식은 보는 것만으로도 기분이 좋아져요. 그뿐만 아니라 꽃잎에 묻어 있는 꽃가루에는 여러 가지 효소와 몸에 좋은 물질이 들어 있어요. 단백질, 지방, 녹말, 아미노산, 비타민, 아연, 마그네슘 같은 것들이지요. 그렇지만 꽃집에서 파는 꽃이나 정원의 꽃은 함부로 먹으면 안 돼요. 농약을 친 꽃이라 독성이 있기 때문이에요. 이런 꽃을 먹었다간 배탈이 나고 속이 나빠져 큰 고생을 할 수 있답니다. 게다가 모든 꽃을 다 먹을 수 있는 건 아니에요. 진달래, 국화, 장미, 금잔화, 팬지, 제비꽃처럼 먹을 수 있는 꽃을 골라 먹어야 해요.

　우리 조상들은 자연에서 나오는 순수한 색소로 찹쌀가루에 물을 들여 오색 화전도 만들었어요. 쑥, 시금치, 신감채, 녹차 잎 등으로는 초록색 물을 들였고, 단호박, 치자 등으로는 노란 물을 들였어요. 오미자, 복분자로는 빨간 물을, 보라색 고구마로는 보라색 물을, 당근으로는 주황색 물을 들였어요. 검은깨나 검은콩으로는 검은 물을 들였지요. 자연에서 얻은 천연 색소는 음식을 돋보이게 할 뿐만 아니라, 재료의 영양이 그대로 살아 있어 건강에도 무척 좋아요.

　이렇듯 화전에는 자연이 준 선물을 음식에 이용한 조상들의 지혜가 담겨 있답니다.

초록 — 신감채 물을 들였다.
노랑 — 치자 물을 들였다.
보라 — 보라색 고구마 물을 들였다.
검정 — 검은깨 물을 들였다.
하양 — 아무것도 섞지 않았다.

❖ 전통 무예, 활쏘기

활을 쏘는 일은 몸과 마음을 함께 단련하는 일이었어요. 삼짇날이 되면 우리 조상들은 저마다 갈고닦은 활쏘기 솜씨를 뽐냈지요. 볏단을 쌓아 과녁판을 만들고, 활로 화살을 쏘았답니다.

우리나라는 예로부터 활을 잘 쏘는 민족으로 널리 알려져 있어요. 고구려를 세운 주몽의 이름도 '활 잘 쏘는 사람'이란 뜻이지요. 고구려 고분 벽화 〈수렵도〉에는 늠름한 고구려 사람들이 활로 사냥을 하는 모습이 그려져 있어요. 고구려 사람들은 사냥을 통해 활 솜씨를 기르고, 전쟁터에 나가 용감히 싸웠답니다. 조선을 세운 태조 이성계는 명궁으로 이름이 높았고, 임진왜란 때 왜적을 물리친 이순신 장군은 매일 활쏘기로 몸을 단련했다고 해요.

활은 고무줄과 같은 탄성력을 갖고 있어요. 탄성력은 고체의 몸이 눈에 띄게 길어지거나 줄어들었다가 다시 제 모습으로 돌아오며 생기는 힘을 말해요. 늘어나거나 줄어드는 길이에 비례해 힘이 커진답니다. 고무줄을 힘껏 늘이면 길어졌다가 손을 놓으면 원래의 모습으로 돌아가며 멀리까지 날아가 버려요. 고무줄을 잡아 늘일 때 생긴 탄성력 때문에 멀리 날아가는 거예요.

스카이콩콩은 용수철의 탄성력을 이용한 놀이 기구예요. 소파와 침대의 용수철, 머리에 묶는 고무줄, 통통 튀는 고무공, 꺼졌다 올라오는 스펀지는 모두 탄성력이 큰 물체예요. 반대로 쇠붙이, 돌멩이, 석고, 유리 등 몸이 잘 변하지 않는 물체는 탄성력이 별로 없지요.

활시위를 당기면 고무줄이나 용수철처럼 순간적으로 모양이 변하며 탄성력이 생겨요. 화살을 건 뒤 활시위를 힘껏 당겼다 놓으면 활시위가 원래의 모습으로 돌아가면서 탄성력을 화살로 보내요. 화살은 이 탄성력으로 멀리까지 날아가는 거랍니다.

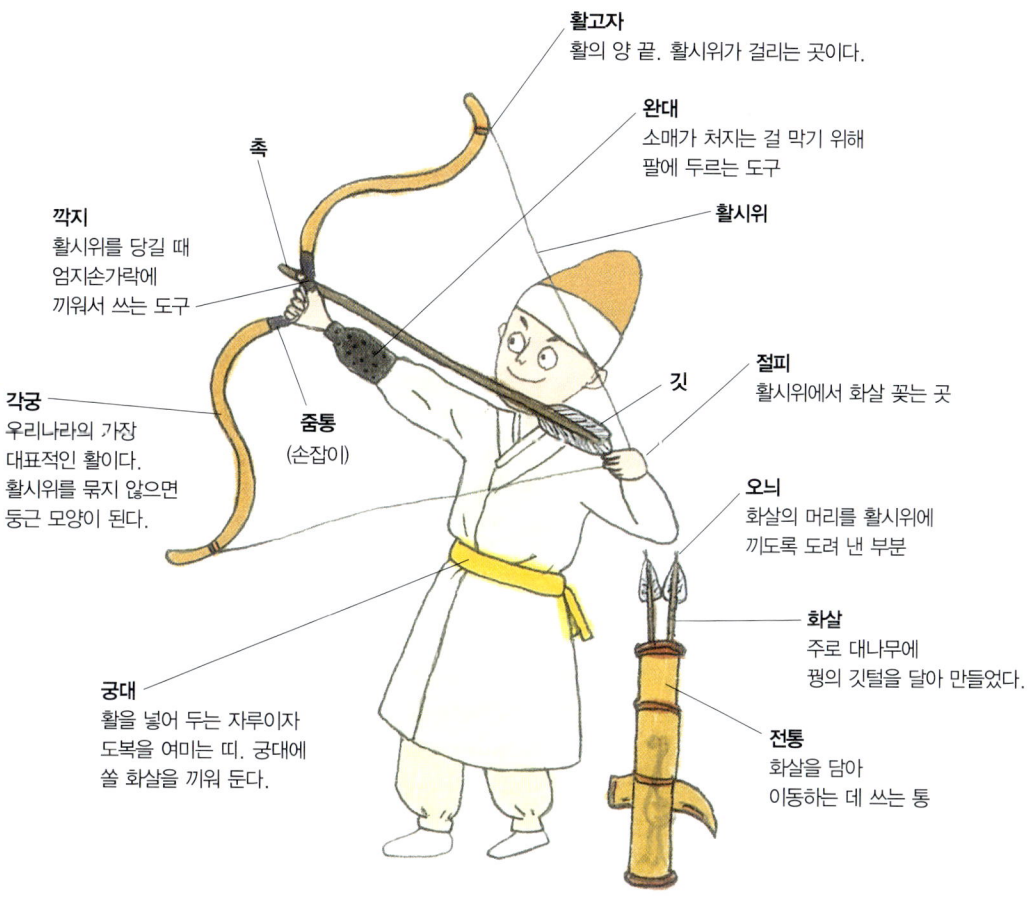

활과 활쏘기 도구

활 만들기

우리의 전통 활 '각궁'은 대나무, 소의 뿔, 쇠심줄, 참나무, 뽕나무, 부레풀 등을 써서 만들었어요. 각 재료들의 탄성을 이용해 만든 활은 강력한 탄성력을 갖게 되지요. 활은 자연에서 나는 재료로 만들어야 했기 때문에 재료들이 상하기 쉬운 더운 날에는 만들지 않았어요. 보통 10월 말에서 3월 초 사이에 만들었답니다.

활 만들기

❶ 활을 만드는 데 필요한 재료를 준비해요.

- 쇠뿔은 톱으로 켜서 잘라 다듬고 구부려 모양을 만들어요.
- 대나무는 껍질을 다듬어 반달처럼 구부리고, 가장자리를 제비 꼬리 모양으로 파요.
- 뽕나무를 삶아 한 달쯤 말린 다음, 대나무의 제비 꼬리 부분과 연결하기 위해 끝을 뾰족하게 깎아요.
- 활의 손잡이에 사용될 참나무를 물에 삶아 반달 모양으로 구부려 일주일쯤 말렸다가 손잡이 크기로 잘라요.
- 질긴 쇠심줄(소의 힘줄)을 잘 펴서 그늘에 말린 뒤, 잘 두드려 머리카락처럼 가늘게 쪼개요.
- 민어의 부레로 풀을 만들어요.

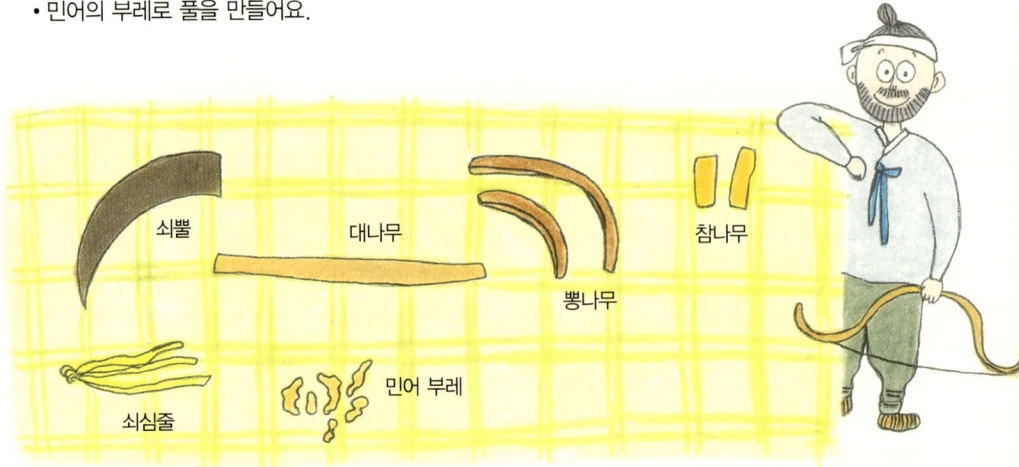

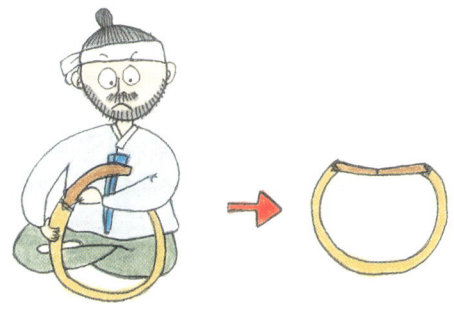

❷ 대나무와 뽕나무 양 끝에 부레풀을 바르고 서로 끼워 맞춘 다음 노끈으로 묶어 굳혀요.

❸ 위의 재료와 쇠뿔을 붙이고 끈으로 묶어요.

❹ 손잡이인 참나무를 붙이고 끈으로 묶어요.

❺ '뒤깎기'를 해요. 활의 뼈대를 만들기 위해 손잡이 부분부터 활을 깎고 다듬는 거예요.

❻ 쇠심줄을 깨끗이 빨아 물기를 없앤 뒤, 활에 물을 바르고 풀 먹인 쇠심줄을 불에 녹여 붙여요. 쇠심줄이 마르기 전, 쇠로 밀어 겉을 곱게 만들어요.

❼ 활을 따뜻하고 건조한 곳에서 말린 뒤, '해궁'을 해요. '해궁'이란 활시위를 걸어 쏠 수 있는 상태로 만들고 다듬는 일이에요.

❖ 버들피리와 소리

피리피리필릴리~.

삼짇날이면 아이들은 물오른 버드나무 가지를 꺾어 피리처럼 불었어요. 이걸 '버들피리'라고 해요. '호드기' 또는 '호들기'라고도 하지요.

버들피리를 불면 바람이 나뭇가지의 긴 대롱을 지나며 소리를 내는데, 이것은 사람의 목소리가 나는 원리와 같아요.

사람의 목소리는 숨을 들이쉬었다가 내쉴 때 목구멍 안에 있는 성대의 부드러운 점막이 떨리며 나는 소리예요. 마치 바람에 펄럭이는 깃발이 소리를 내는 것과 비슷하지요.

 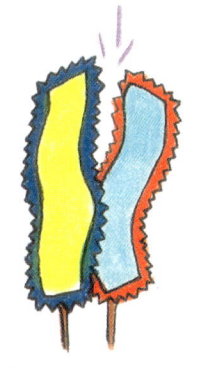 

- 사람이 숨을 내쉬면 바람이 버들피리 안으로 들어간다.
- 바람이 버들피리의 빈 대롱을 통과하며 대롱을 울려 소리를 낸다.

- 바람이 불어 깃발을 흔든다.
- 2개의 깃발이 펄럭이며 서로 닿았다가 떨어지는 순간에 소리가 생긴다.

- 숨을 들이쉬었다 내쉴 때 성대를 따라 바람이 입 밖으로 나온다.
- 바람이 성대를 통과하며 성대를 울려 소리를 낸다.

  사람의 목소리는 성대의 떨림이 많으면 많을수록 더 높아져요. 성대가 작으면 떨림이 많아 높은 소리가 나고, 성대가 크면 떨림이 적어 낮은 소리가 나요. 남자 어른보다 여자 어른, 여자 어른보다 어린이의 목소리가 더 높은 것은 성대의 크기에 따라 떨림이 다르기 때문이에요. 남자 어른의 성대는 보통 1초에 120회 정도 붙었다 떨어지는 진동을 하는데, 여자 어른의 경우는 230회 정도, 어린이는 300회 정도 진동을 한다고 해요.

  버들피리도 사람의 성대와 비슷해요. 대롱이 굵으면 낮은 소리가 나고, 대롱이 얇으면 높은 소리가 나요. 길이가 길면 낮은 소리가 나고, 길이가 짧으면 높은 소리가 나지요.

  훌륭한 버들피리 연주자는 숨의 세기를 조절해 버들피리로 높낮이가 다른 여러 음을 낼 수 있답니다.

❖ 삼짇날 담그는 장

우리 조상들은 3이 두 번이나 들어간 음력 3월 3일에 장을 담그면 특별히 맛있는 장을 담글 수 있다고 믿었어요. 그래서 삼짇날 봄볕 아래서 정성껏 장을 담갔어요.

장을 담글 때에는 깨끗이 손질해 둔 항아리에 메주를 차곡차곡 쌓아서 절반 정도 채운 다음, 미리 만들어 둔 소금물을 부어요.

맛있는 장을 담그기 위해서는 소금물의 농도를 잘 맞추는 일이 무척 중요해요. 우리 조상들은 소금물에 메주를 담가서 소금물이 연한지 진한지 알아냈어요. 메주가 떴다가 가라앉으면 소금물이 싱겁다는 뜻

장 만들 때 신씨는 가라

우리 조상들은 신씨가 장을 담그면 장이 시어진다고 생각했어요. 그래서 옆집에 신씨가 살면 그 집에서 가장 먼 곳에 장독대를 만들었어요. 신씨 집에서는 장을 직접 안 담그고 사돈댁에서 담가 가져 왔어요. 신씨는 장을 담글 때 얼씬도 하지 못했답니다.

이에요. 그럼 소금을 더 진하게 풀어서 메주가 소금물 위로 약간 뜨도록 조절했답니다.

소금물의 농도를 맞춘 다음에는 뜨거운 참숯, 대추, 고추를 넣고 뚜껑을 덮은 뒤 금줄을 치고 3일 동안 두었어요. 금줄은 더럽고 불길한 것이 들어오지 못하게 매다는 새끼줄이에요. 우리 조상들은 금줄이 나쁜 귀신과 부정을 막아 장맛을 좋게 한다고 믿었어요. 또한 대추는 장맛을 달게 했고, 고추는 나쁜 균을 죽였고, 숯은 나쁜 물질을 빨아들였답니다.

4일째 되는 날부터는 뚜껑을 열어 햇빛을 쪼였어요. 낮에는 볕을 쬐고 밤에는 뚜껑을 덮어 물기가 들어가지 않도록 했어요. 장을 담근 지 30~50일 정도 지나면 소금물이 까맣게 변해요. 그럼 숯, 고추, 대추를 꺼낸 다음 간장과 된장을 만들지요. 새 독에 체를 얹고 거른 다음, 거른 물은 달여서 간장으로 쓰고 체에 걸린 메주는 된장으로 썼어요. 메주를 으깨 항아리에 담고 소금물을 부어 꾹 누른 다음 덮어 두면 된장이 되었답니다.

우리 조상들은 오랫동안 시간을 들여 정성껏 장을 담갔어요. 어떤 집에서는 그 집안만의 비법이 따로 있어서 시어머니에서 며느리로 비밀스럽게 장맛이 이어졌어요.

소금물에 달걀 넣기

장을 담글 때 쓰는 소금물은 삼짇날이 되기 전에 미리 만들어 놓아요. 우리 조상들은 달걀을 띄워 소금물의 농도를 알아보았어요. 소금의 양이 적으면 달걀이 많이 가라앉고, 소금의 양이 많아질수록 달걀은 점점 위로 떠오르지요. 달걀이 물 위에 3분의 1 정도 뜨면 가장 적당한 양이라고 할 수 있어요. 이 방법은 '용액이 진할수록 물체를 더 잘 떠오르게 한다'는 과학적 원리에 따른 것이에요. 소금물을 만들 때에는 큰 독 위에 시루나 소쿠리를 얹고, 그 위에 베 보자기를 깐 뒤 소금을 담아 물을 부었답니다.

❶ ❷ ❸

❶ 소금을 붓지 않으면 달걀이 바닥에 가라앉아요.
❷ 소금의 양이 적으면 달걀이 덜 떠요.
❸ 소금의 양이 알맞으면 달걀이 3분의 1 정도 떠요.

시와 술과 흥취가 있는 '포석정'

추운 겨울을 보내고 포근한 봄을 여는 삼짇날, 남자들은 구불구불한 시냇물이 흐르는 곳에서 술잔을 띄워 그 잔이 자기 앞에 오면 시를 짓고 술을 마시는 놀이를 했어요. 이것을 '유상곡수' 또는 '곡수연'이라고 해요. 이런 풍습이 이어져 사람들은 삼짇날이 오면, 술잔을 띄우지 않더라도 시원한 냇가에 함께 모여 시를 지으며 하루를 즐겁게 보냈답니다.

경주 포석정

옛날 신라의 왕족과 귀족들은 신라의 수도 경주에 있는 포석정에서 곡수연을 했어요. 포석정은 곡수연을 위해 특별히 만든 물길이에요. 신하들은 임금님이 띄운 술잔이 구부러진 물길을 따라 자기 앞으로 흘러오기 전에 시를 지었어요. 시를 제 때 못 짓거나, 잘 짓지 못하면 잔을 들어 벌주를 마셨다고 해요.

포석정을 만드는 데는 크기가 다양한 돌 63개가 쓰였다고 해요. 물길의 길이는 약 22미터로, 물길이 길지 않기 때문에 물이 그대로 흘러간다면 2~3분 만에 다 빠져나갈 거예요. 하지만 포석정의 물길은 곳곳이 심하게 굽어 있어요. 물길을 따라 흐르던 물이 심하게 굽은 길에 부딪히면 흐름이 엉키게 되고, 소용돌이가 만들어진답니다. 그 때문에 물길을 빠져나가는 데 시간이 많이 걸리지요.

술잔은 어떻게 띄워 보내느냐에 따라 흘러가는 곳이 달라졌어요. 흘러가던 술잔은 어느 자리에서 맴을 돌기도 하고 막혀서 갇히기도 했어요. 술잔이 도는 동안 사람들은 근사한 시를 지어 냈답니다.

'술잔의 술이 물줄기를 따라 흐르다 엎어지면 어쩌지?'

이런 걱정은 할 필요가 없었어요. 물길이 변하는 지점이나 굴곡이 있는 곳은 어김없이 물길의 폭을 늘리거나 바닥을 더 깊이 파 술잔이 엎어지는 것을 과학적으로 막았답니다.

포석정은 겉보기에는 재미난 모양의 물길처럼 보일 뿐이지만, 그 안에는 신라인의 지혜가 가득 담겨 있어요. 술잔을 띄웠을 때 술잔이 다양한 흐름을 타고 갈 수 있도록, 한곳에서 휘돌며 머물도록, 또한 엎어지지 않도록 물의 양과 속도와 물길의 형태에 세심한 주의를 기울여 설계했답니다.

초파일에 만나는 우리 과학

4월

- 연등과 한지 | 한지 만들기
- 석탑의 비밀
- 그랭이 공법과 배흘림기둥
- 절 건물을 보존하는 단청
- 물고기 잡고 노는 '천렵'
- 우리 과학 문화재 | 신비한 건물 '해인사 장경판전'

4월

❖ **초파일에 만나는 우리 과학**

초파일(음력 4월 8일)은 부처님께서 세상에 나오신 걸 기뻐하고 축복하는 날이에요. 우리 조상들은 초파일을 기다리며 부처님께 바칠 등을 만들었어요.

"비나이다, 비나이다. 건강한 아기가 생기게 해 주세요."

"부처님, 우리 어머니가 건강하게 오래 사셨으면 좋겠어요."

등을 만드는 동안에는 경건한 마음으로 부처님께 소원을 빌었어요.

밤이 되면 집집마다 '등간'이라는 장대를 세우고 꼭대기를 꿩의 꼬리로 장식한 다음, 비단으로 깃발을 만들어 달았어요. 장대에는 그 집안 아이들의 수만큼 주렁주렁 등을 달았어요.

"에헴, 우리 집 등이 제일 많군."

"하하하, 우리 집 등이 제일 높구나!"

사람들은 많은 등을 높이 다는 걸 자랑거리로 삼았어요. 장대를 세우지 못한 집에서는 추녀 밑이나 나뭇가지에 등을 달았답니다.

사람들은 밤늦도록 거리를 거닐며 연등놀이를 했어요. 소원을 담은 등이 길을 환하게 밝히고 있어서 이날만큼은 밤이 조금도 무섭지 않았어요.

이날 밤, 절에서는 탑돌이를 했어요. 등을 달아 아름답게 꾸민 절을 찾아 탑 주위를 빙빙 돌며 부처님께 소원을 비는 것이지요. 꼭 이루고 싶은 소원을 마음속으로 빌며 탑을 돌았어요.

절은 오랜 역사를 가진 우리의 전통 건축물로, 절 곳곳에서 조상들의 지혜를 엿볼 수 있어요. 절마다 있는 탑과 기둥, 절에 칠한 단청에서 과학적인 원리를 발견할 수 있지요. 또, 등을 만든 한지에서도 우리 전통 과학의 우수성을 엿볼 수 있답니다.

한편, 음력 4월에는 개울에서 물고기를 잡으며 노는 '천렵'을 했어요. 잡은 물고기는 즉석에서 끓여 먹었지요. 사람들은 개울에서 물고기를 잡기 위해 여러 가지 과학적인 도구를 썼답니다.

❖ 연등과 한지

연등놀이는 불교가 우리나라에 전해진 삼국 시대부터 1500여 년 동안 쭉 이어져 오고 있는 오랜 전통 행사예요. 등을 밝힘으로써 부처님의 지혜로 사람들의 어두운 마음을 밝고 따뜻하게 하려는 뜻을 담은 행사이지요.

우리 조상들은 초파일을 준비하며 한껏 멋을 낸 등을 만들었어요.

'멋진 잉어 등을 만들어 부처님께 바쳐야지.'

'거북 등을 정성껏 만들자.'

출세하고 싶은 사람은 잉어 등을 만들었고, 오래 살고 싶은 사람은 오래 사는 거북이나 학 모양의 등을 만들었어요.

'수박 등을 만들어 아이를 기원해야지.'

아이를 갖고 싶은 사람은 씨가 많은 수박이나 석류, 마늘 모양의 등을 만들었어요.

힘 센 호랑이와 표범을 등으로 만들어 나쁜 귀신을 물리치려는 마음을 담기도 했고, 비를 내리는 용을 등으로 만들어 농사가 잘되기를 바라는 마음을 담기도 했어요.

등을 만들 때에는 대나무를 휘어 뼈대를 만들고, 한지를 붙인 다음 색을 입혔어요. 한지는 색을 들이기도 쉽고 모양을 내기도 쉬웠을 뿐 아니라, 빛을 은은하게 퍼뜨려 주었어요. 한지로 정성껏 만든 등은 초파일 밤을 아름답게 수놓았지요.

한지는 닥나무로 만들어요. 한지는 겉보기에는 약할 것 같지만 실제로는 무척 질기답니다. 1300여 년 전에 만들어진 책이 아직도 남아 있을 정도이지요.

　우리 조상들은 질긴 한지로 갖가지 물건을 만들어 냈어요. 대나무 살에 한지를 붙여 등도 만들고, 부채도 만들고, 우산도 만들고, 연도 만들었어요. 한지를 꼰 줄로는 바구니도 만들고, 상자도 만들었지요. 한지를 물에 풀어 종이탈을 만들기도 했어요. 한지를 몇 겹으로 발라 옻칠을 해서 갑옷까지 만들었지요. 한지에 옻칠을 하면 물에도 강해지고, 벌레도 잘 먹지 않아 가볍고 단단한 최고의 갑옷을 만들 수 있었답니다. 또 한지를 몇 겹으로 겹쳐 두껍게 만든 뒤 기름을 먹여서 바닥에 까는 장판지로도 썼어요. 문과 창에 창호지를 바르면 빛이 그윽하게 들어왔지요.

한지로 만든 여러 가지 모양의 등

한지 만들기

우리 고유의 종이인 한지는 자연에서 나는 재료로 만들어요. 가장 중요한 재료는 닥나무와 닥풀이에요. 닥나무는 섬유질이 무척 긴데, 이 때문에 질긴 종이가 돼요. 여기에 닥풀을 섞으면 접착제 역할을 하여 한지를 얇고 고르게 뜰 수 있어요.

한지 만들기

❶ 닥나무를 솥에 넣고 푹 찐 다음, 껍질을 벗겨요. 닥나무 가장 안쪽의 껍질이 한지의 재료가 돼요.

❷ 닥나무 안쪽 껍질을 물에 불려 잿물을 넣고 삶아요.

❸ 삶은 닥나무 껍질을 흐르는 물에 씻고 햇볕에 여러 번 말려요. 그러면 껍질의 색이 바래서 하얗게 변해요.

❹ 말린 닥나무 껍질을 편평한 곳에 대고 방망이로 두드려요. 이렇게 하면 한데 엉겨 있는 나무 섬유가 잘 풀어져 실처럼 돼요.

❺ 닥풀의 뿌리로 만든 끈끈한 풀과 실처럼 된 닥나무 껍질을 함께 넣고 막대기로 잘 섞어 종이물을 만들어요.

❻ 대나무 발을 종이물에 담가 한지를 떠요.

❼ 한지를 햇볕에 잘 말린 다음, 한지가 더 매끄럽고 질겨지도록 방망이로 두드려 줘요.

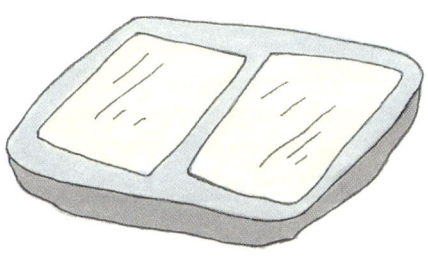

❖ 석탑의 비밀

신라 시대에 김현이라는 남자가 탑돌이를 하는데, 어여쁜 아가씨가 김현의 뒤를 따라 함께 돌았어요.

'참 아름다운 아가씨군.'

둘은 곧 사랑에 빠졌답니다. 사실 이 아가씨의 정체는 호랑이로, 전생에 김현의 부인이었어요. 남편을 사랑하는 마음을 잊지 못해 김현 앞에 나타난 거였지요.

이 이야기는 《삼국유사》에 전하는 사랑 이야기예요. 절에는 꼭 탑이 있는데, 초파일에 탑을 돌다 보면 이처럼 처녀 총각이 서로 사랑에 빠지는 일이 생기곤 했답니다.

탑은 먼 옛날, 석가모니 부처가 돌아가신 뒤 유해를 화장하고 나온 사리를 모시고 기도를 드리기 위해 만들었어요. 그 후 석가모니 부처의 모습을 한 불상이 만들어졌지만, 절에 탑을 만들고 기도 드리는 일은 계속되었어요. 탑돌이 풍습은 여기서 생겨났지요.

우리나라 절에 있는 석탑을 잘 보면 탑의 아랫부분인 기단과 몸체가 되는 탑신의 기둥이 약간 안쪽으로 기울어져 있어요. 기단과 탑신을 똑바로 곧게 올리면 윗부분이 넓어 불안해 보이는 착시 현상이 일어나는데, 이 착시 현상을 막기 위해 일부러 안쪽으로 기둥을 기울이는 '안쏠림' 기법을 쓴 거예요.

탑 건축에는 '귀솟음' 기법도 쓰였어요. 귀솟음은 건물을 정면에서 볼 때 가운데 기둥을 가장 낮게 세우고, 양쪽 추녀 쪽으로 갈수록 약간씩 높게 세우는 기법이에요. 귀솟음을 주지 않으면 착시 현상에 의해 건물의 양쪽 어깨가 처진 것처럼 보인답니다.

안쏠림과 귀솟음은 본래 나무 건물을 지을 때 쓰는 기법으로, 전통 건물과 몇몇 석탑에서 찾아볼 수 있어요.

탑의 지붕 처마에서도 조상들의 슬기를 찾아볼 수 있어요. 탑 안에는 부처님을 대신할 귀중한 물건들을 넣어 두기 때문에 혹시라도 탑

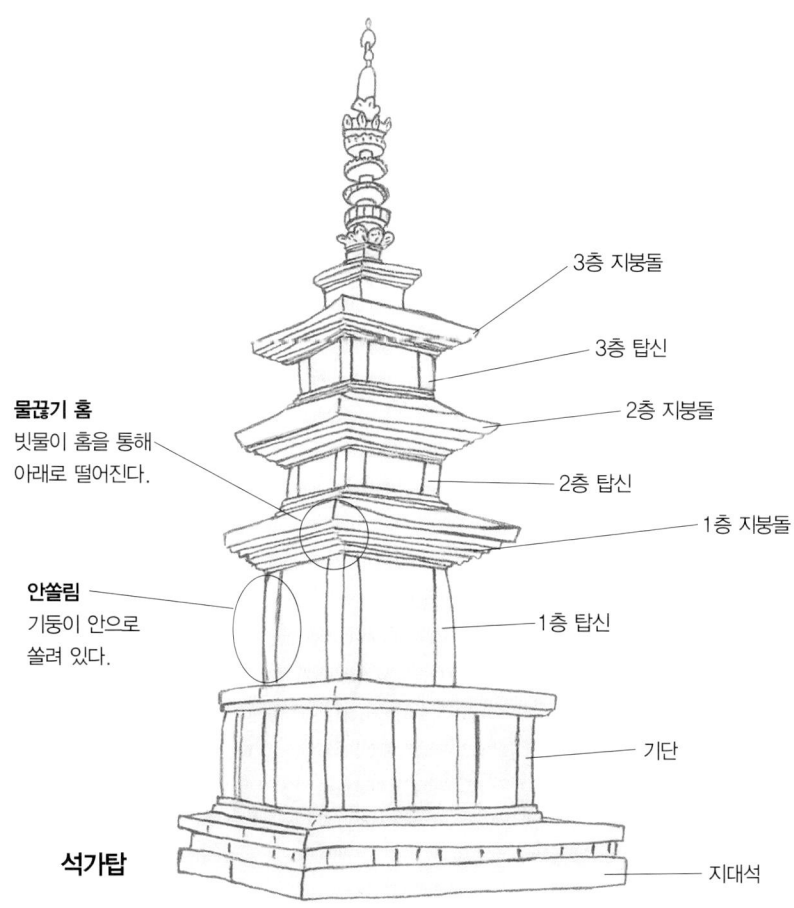

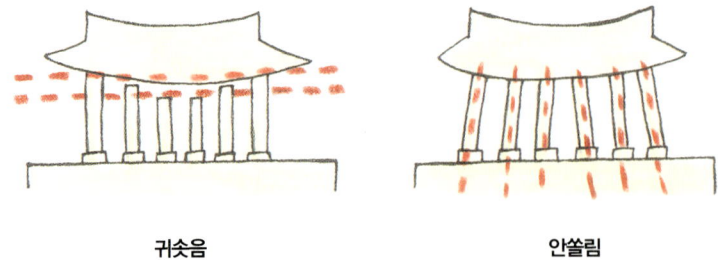

귀솟음　　　　　　　　　안쏠림

안에 빗물이 새어 들어가면 큰일이지요. 그래서 지붕 아래에 '물끊기 홈'이라는 작은 홈을 팠어요. 홈을 파자, 빗물이 탑의 몸을 타고 흐르는 대신 홈을 통해 아래로 떨어졌어요. 그 덕에 탑 안의 물건들을 오래도록 잘 보존할 수 있었답니다.

❖ 그랭이 공법과 배흘림기둥

우리나라 옛 절들은 산속에 고요히 들어앉아 있어요. 자연과 어우러져, 자연과 함께 나이를 먹지요. 우리 조상들은 절을 지을 때 어떻게 해야 자연과 어울리게 지을 수 있을까를 생각했어요. 그렇게 해서 태어난 것이 '그랭이 공법'이에요.

그랭이 공법은 자연석으로 된 주춧돌에 기둥을 세울 때, 기둥 아래쪽에 주춧돌 윗면의 굴곡과 같은 선을 그린 다음 그 부분을 다듬어서, 주춧돌과 기둥이 딱 맞물리게 맞추는 기법이에요. 그랭이 공법은 기둥, 성곽, 석탑 등에서 서로 맞붙는 부분의 이를 꼭 맞게 하기 위해 쓰였답니다.

불국사의 돌 축대는 그랭이 공법을 잘 보여 주지요. 축대 위에 얹어 놓은 긴 장대석을 보면, 아래쪽에 있는 자연석의 굴곡에 맞게 다듬어 맞물려 있어요. 이렇게 지은 건축물은 지진에 무척 강해요. 지난 500여 년 동안 경주 근처에 지진이 22번이나 일어났는데도 불국사의 돌 축대는 꿈쩍도 않고 자리를 지켰답니다.

절 건물에서는 배흘림기둥도 볼 수 있어요. 배흘림은 기둥의 중간 부분을 볼록하게 다듬는 기법이에요.

일자로 반듯하게 깎인 기둥은 윗부분이 더 넓게 보이는 착시 현상 때문에 불안해 보여요. 하지만 배흘림기둥은 눈의 착시를 없애 편안한 느낌을 준답니다.

우리나라에서 가장 아름다운 기둥으로 손꼽히는 부석사 무량수전의 배흘림기둥은 아래부터 전체 높이의 3분의 1까지는 점점 기둥이 굵어지고, 그 위로부터 기둥 맨 위까지는 점점 가늘어져요. 마치 배

장대석

그랭이 공법

불국사 돌 축대

배흘림기둥

가 살짝 부푼 항아리처럼 보이는데, 그 자연스러운 곡선이 안정감과 편안함을 준답니다.

✤ 절 건물을 보존하는 단청

절의 지붕과 천장에는 붉고 푸른 색들이 아름답게 입혀져 있어요. 이렇게 나무 건물에 색을 칠하는 것을 '단청'이라고 해요.

단청은 한자의 '붉을 단(丹)'과 '푸를 청(靑)'이 합쳐진 말이에요. 빨강과 초록은 단청에 가장 많이 쓰이는 색이에요. 빛을 많이 받는 기둥과 난간에는 붉은색을 칠해 힘차게 보이도록 했고, 그늘진 추녀나 처마에는 초록색을 칠해 환하게 보이도록 했어요. 위는 초록색이, 아래는 붉은색이 강렬한 대비를 이루었지요.

또 아름다운 색색의 띠와 무늬, 그림도 건물에 그렸어요. 파랑, 빨강, 노랑, 하양, 검정의 고유한 오방색을 기본으로 수많은 색을 만들어 띠와 무늬, 그림을 칠했답니다.

단청에 칠하는 오방색은 자연에 있는 모래, 흙, 암석 등에서 얻은 가루로 만들었어요. 이런 색 가루를 '안료'라고 하는데, 물이나 기름, 아교 등에 개어서 썼답니다. 암석에서 얻은 건 '석채' 또는 '암채'라고 하고, 흙과 모래에서 얻은 건 '이채'라고 했어요. 단청의 색 중 석황, 석청, 석록, 석간주처럼 이름에 '석'이 붙은 건 석채이고, 황토,

단청

주토같이 '토'가 붙은 건 이채랍니다. 우리나라에서 나지 않아 외국에서 들여오는 안료도 있었어요. 중국에서 들어온 것은 '당채'라고 하고, 서양에서 들어온 것은 '양채'라고 했지요. 당청, 당홍 등 '당'이 붙은 건 당채이고, 양청, 양홍 등 '양'이 붙은 건 양채이지요.

단청은 건물을 조화롭고 아름답게 꾸며 주고, 장엄하게 만들어 주기도 했어요. 아름다운 색이 나무의 거친 표면을 감추어 주기도 했지요. 또한 단청은 나무에 벌레가 끼는 걸 막고, 빛과 열, 습기에도 강해 나무가 갈라지거나 썩는 것도 막아 주었어요. 그래서 단청을 한 건물은 단청을 하지 않은 건물보다 더 튼튼히 오랫동안 보존할 수 있었답니다.

이채 얻기

모래와 흙에서 나는 이채는 '수비'를 통해 얻을 수 있어요. 수비는 '가루를 물에 넣고 휘저어 잡스러운 것을 없애고 깨끗한 앙금을 얻는 과정'을 이르는 말이에요.

1. 색이 고운 흙을 통에 넣고 물을 부은 다음 휘저어요.
2. 위에 뜬 이물질은 버리고 흙탕물을 다른 그릇에 부어 가만히 놔둬요.
3. 색깔 있는 가는 흙이 가라앉으면 물을 따라 버려요.
4. 흙을 말리면 고운 빛의 이채가 돼요.

❖ 물고기 잡고 노는 천렵

날씨가 풀리는 음력 4월에는 마을 앞 냇가로 나가 물고기를 잡고 놀았어요. 이걸 '천렵'이라고 해요.

남자들은 웃통을 훌훌 벗고 물장구를 치며 놀았고, 여럿이 함께 '반두'라는 도구로 물고기를 잡기도 했어요. 두 사람이 반두를 맞잡고 서면, 몇몇이 바지를 걷어붙이고 텀벙텀벙 고기를 반두 쪽으로 몰았어요. 깜짝 놀란 고기들은 도망치다 반두에 걸렸답니다.

물이 흐르는 시내 곳곳에 물고기를 가두는 통발을 설치하기도 했어요. 통발은 가늘게 쪼갠 대나무 조각이나 싸리를 엮어서 통같이 만든 고기잡이 도구예요. 물의 흐름에 밀려 통발의 구멍 속으로 들어간 물고기는 좁은 입구를 거슬러 나오지 못해 꼼짝없이 잡히지요. 뒤쪽의

반두
그물의 양 끝에 대나무 손잡이를 달아 두 사람이 들 수 있게 만든 고기잡이 도구.
족대보다 그물이 훨씬 넓다.

족대
그물의 양 끝에 대나무 손잡이를 달아 한 사람이 들고서 물고기를 잡는 도구. 반두보다 크기가 작다.

꼬리는 마음대로 묶고 풀 수 있는데, 이곳으로 잡은 물고기를 꺼낸답니다.

가리는 냇가에 서서 물고기가 있는 곳을 찾아 휙 덮어씌워 잡는 도구예요. 유리컵으로 땅을 기어가는 개미를 가두는 것과 같은 원리랍니다. 가리는 가늘게 쪼갠 대나무 조각을 엮어서 고깔 모양으로 만들었어요. 아래 위가 모두 뚫려 있지요.

어살은 싸리, 참대, 장나무 등으로 발을 엮어서 강물을 따라 내려가는 물고기들이 잡히도록 만든 도구예요. 돌을 V 자형으로 쌓아 강을 막고, 물이 지나가도록 한가운데 부분에 발을 놓아요. 이렇게 해 놓으면 물을 따라 내려가던 고기들이 발에 막혀 꼼짝 못하게 되지요.

자연 지형을 이용해 물고기를 잡은 조상들의 지혜가 훌륭하지요?

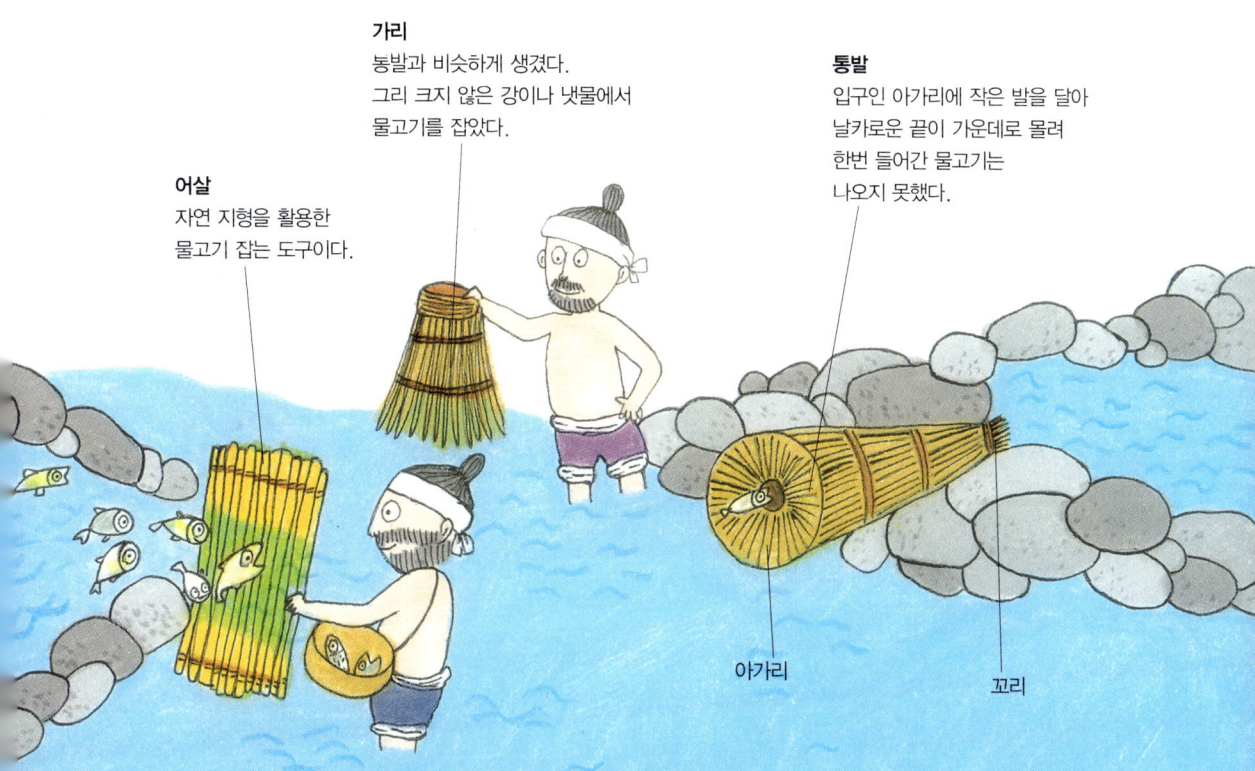

가리
통발과 비슷하게 생겼다.
그리 크지 않은 강이나 냇물에서
물고기를 잡았다.

통발
입구인 아가리에 작은 발을 달아
날카로운 끝이 가운데로 몰려
한번 들어간 물고기는
나오지 못했다.

어살
자연 지형을 활용한
물고기 잡는 도구이다.

아가리

꼬리

신비한 건물 '해인사 장경판전'

팔만대장경은 고려 시대에 부처님의 힘을 빌려 몽고군을 물리치기 위해 나무판에 새긴 불경이에요. 나무판의 수가 8만여 개에 이른다고 해서 팔만대장경이라고 부르는데, 고려 시대에 새겨졌기 때문에 고려 대장경이라고도 해요.

8만여 장의 나무 경판은 조선 시대, 정확히 1398년에 경상남도 합천의 해인사로 옮겨졌어요. 그 후 경판을 보관하기 위한 전각인 '장경판전'을 지었지요. 해인사 장경판전은 세계에서 유일하게 대장경판을 위해 지어진 건물이에요.

장경판전은 수다라장과 법보전이라고 하는 2채의 커다란 건물이 남쪽과 북쪽에 들어서 있고, 서쪽과 동쪽에 작은 서고가 2채 들어서 있어요. 장경판전은 겉보기에는 단순한 창고 같지만, 알고 보면 그 어떤 건물보다도 과학적으로 지어진 곳이에요. 팔만대장경이 보관된 수다라장과 법보전, 2채의 건물은 서로 나란히 마주 보고 있어요. 가야산 중턱, 3개의 계곡이 만나는 곳에 있어서 두 건물에는 늘 시원한 바람이 불어온답니다.

해인사 장경판전

경판들을 눕히지 않고 세워서 보관한다. 그러면 바람이 경판 사이사이를 통과해 지나기 때문에 곰팡이가 피지 않는다.

아래쪽에 빈 공간이 있어 공기의 순환이 더 잘 일어난다.

바닥에는 숯과 횟가루와 소금을 모래와 함께 차례로 놓았다. 흙바닥은 장경판전에 습기가 많으면 습기를 빨아들이고, 습기가 적으면 습기를 내뿜어 적당한 습기를 유지해 준다. 또 공기를 깨끗하게 걸러 주고, 벌레의 침입을 막고, 나쁜 세균을 죽이는 일도 한다.

장경판전의 벽에는 위와 아래에 2개씩 창이 있어요. 건물의 앞은 아래 창이 크고, 건물의 뒤는 위 창이 커요. 큰 창은 바람구멍이에요. 바람이 건물 앞의 큰 창으로 들어와 경판 사이를 지나며 위로 올라가 뒤쪽의 큰 창으로 빠져나간답니다. 바람이 잘 통하기 때문에 곰팡이가 피어 경판이 상하는 일이 없지요. 이런 장경판전의 특별한 구조 덕에 팔만대장경 경판은 700여 년의 세월을 끄떡없이 버틸 수 있었어요. 게다가 장경판전은 단 한 번도 전쟁의 피해를 입지 않았고, 화재가 일어난 적도 없어요.

팔만대장경을 보관한 해인사 장경판전은 조상들의 훌륭한 과학 기술을 인정받아 1995년 유네스코 세계 문화유산으로 지정되어 보호받고 있답니다.

최신식 건물보다 과학적인 해인사 장경판전

1970년대에 사람들은 훌륭한 뜻을 가진 팔만대장경을 해인사의 창고 같은 장경판전에 놔두면 안 된다고 생각했어요.

"우리나라의 훌륭한 보물인 팔만대장경을 저렇게 초라한 옛날 건물에 보관할 수 없어요."

"맞아요, 팔만대장경을 잘 보관할 수 있는 최신 건물을 지어요!"

그리하여 팔만대장경을 보관할 최신식 건물이 지어졌어요. 하지만 시험 삼아 팔만대장경을 옮기자 얼마 지나지 않아 경판이 갈라지고 비틀어지는 일이 벌어졌어요.

"건물 안에 습기가 꽉 찼어요. 경판이 뒤틀어진 것 좀 봐요!"

"아이고, 이를 어쩐담. 빨리 제자리에 돌려놓읍시다."

깜짝 놀란 사람들은 팔만대장경을 다시 해인사의 장경판전으로 옮겼답니다.

단오에 만나는 우리 과학

5월

- 땀을 식히는 단오 부채 | 부채 만들기
- 수리취떡에 무늬를 새긴 떡살
- 그네뛰기와 진자 운동
- 대추나무 시집보내기와 열매 맺기
- 우리 과학 문화재 | 해시계 '앙부일구'

5월

❖ 단오에 만나는 우리 과학

음력 5월 5일은 단옷날이에요.
"창포 이슬을 받아야지."
단오가 되자, 처녀들은 새벽부터 창포에 맺힌 이슬을 받았어요. 창포물을 보글보글 끓여 머리도 감았어요.
"비단처럼 잘잘 윤기 생겨라!"
창포물에 세수도 하고, 새벽에 받아 놓은 이슬에 분을 개어 얼굴에 발랐어요. 곱게 화장을 한 다음에 새 옷을 입고 밖으로 나섰지요.
마을 어귀의 커다란 나무에는 벌써 동네 청년들이 볏짚으로 큰 새끼를 틀어 그네를 걸어 놓았어요. 여자들은 그네에 올라타 치마를 펄럭이며 하늘을 날았어요.
멀리서 총각들은 그네 타는 처녀들을 보며 가슴이 설레었지요.
"우아, 꽃처럼 곱다."
"아냐, 나비처럼 예쁘다."
남자들은 모여서 씨름을 했어요. 씨름을 하며 힘과 기술을 뽐내었지요. 구경꾼들은 선물 받은 단오 부채로 부채질을 하며 구경했어요.
"넘겨, 넘겨!"
"옳지, 잘한다!"

씨름판에는 흥겨운 외침이 넘쳐 났어요.

오전 11시부터 오후 1시 사이에는 쑥을 뜯었어요. 이때 뜯은 쑥이 일 년 중 몸에 가장 좋다고 해서, 산과 들에는 쑥을 뜯는 여자들이 가득했어요. 쑥으로는 단오 음식인 쑥떡을 만들어 먹었지요.

또 '대추나무 시집보내기'라는 재미난 일도 했어요. 대추나무 가지를 잘라 낸 다음, 그 사이에 작은 돌을 끼우는 행사였지요.

음력 5월 단오에 만나는 전통 과학을 알아볼까요?

단옷날 주고받는 단오 부채, 단오에 먹는 떡의 떡살에는 조상들의 지혜가 담겨 있어요. 단오놀이인 그네뛰기에서는 에너지 보존의 법칙을 찾을 수 있어요. '대추나무 시집보내기'를 하는 과학적인 이유도 알아보아요.

❖ 땀을 식히는 단오 부채

단오가 되면 날이 더워지기 시작해요. 이럴 때 부채만큼 고마운 것이 없지요.

'부채가 바람을 일으켜 더위를 쫓듯이 단오 부채로 나쁜 전염병을 쫓아내세요.'

사람들은 이런 마음을 담아 가까운 이들에게 부채를 선물했어요. 단오가 되면 너도나도 선물 받은 부채로 살랑살랑 부채질을 하며 즐거운 명절을 보냈답니다.

조선 시대에는 음력 5월 5일 단오가 되면 임금님이 '단오선'이라는 부채를 만들어 신하들에게 나누어 주었어요.

"더위를 잘 이겨 건강히 지내시오."

"감사합니다, 전하!"

부채는 '부치는 채'라는 말이에요. 우리나라에서는 질기기로 으뜸, 가볍기도 으뜸인 닥종이 한지로 여러 가지 부채를 만들었어요. 어찌나 부채를 잘 만들었는지, 중국에서도 인기를 끌었답니다.

부채는 크게, 접는 부채인 '쥘부채'와 둥근 모양의 '둥글부채'로 나뉘어요. 둥글부채는 남녀가 집에서 다 함께 썼고, 쥘부채는 남자들이 외출할 때 접어서 가지고 다녔어요. 선비들은 일 년 내내 부채를 들었답니다.

부채의 살은 대나무로 만드는데, 기둥이 되는 곳은 굵고 빳빳한 대나무를 붙이고 그 사이에 대나무의 가볍고 부드러운 속살을 붙여 만들어요. 이렇게 만들면 얇고 가벼우면서도 적당히 휘청거려 시원한 바람을 낼 수 있지요.

부채는 손잡이 끝을 회전축으로 삼고, 좌우 또는 위아래로 움직이면서 넓은 면으로 공기를 밀어요. 이 공기의 움직임이 바람이에요.

땀이 났을 때 바람이 불면 시원하지요? 땀이 몸의 열을 빼앗아 날아가는 걸 바람이 더 활발하게 만들어 주기 때문이에요. 더운 여름에 부채 바람이 시원한 것도, 바람에 의해 땀이 날아가며 피부의 열을 빼앗아 가기 때문이랍니다. 부채는 땀을 식혀 주는 슬기로운 도구이지요.

> **땀의 증발과 부채**
> 더운 여름에는 땀이 줄줄 흘러요.
> '아유, 땀 좀 안 흘렸으면.'
> 이런 마음이 절로 들지요. 하지만 땀은 체온을 유지하는 데 무척 중요하답니다. 날이 더워지면 우리 몸도 뜨거워져요. 그럼 피부에서 땀이 나오지요. 땀은 마르면서 피부의 열을 빼앗아 증발해요. 증발이란 액체가 기체로 변해 날아가는 걸 말해요. 땀이 열을 빼앗아 가는 덕에 우리 몸은 더운 날에도 체온을 유지할 수 있답니다.

쥘부채   둥글부채

부채 만들기

우리 전통 부채는 한지와 대나무로 만들어요. 잘 쪼개지는 대나무로 살을 만들고, 그 위에 질기고 가벼운 한지를 붙여 만들지요. 쥘부채 가운데 '합죽선'은 그림이나 글씨를 넣어 만든 명품으로, 선비들의 사랑을 듬뿍 받았답니다.

합죽선 만들기

❶ 대나무를 잘라 잿물에 삶아 쪼갠 다음 햇볕에 말려요.

❷ 대나무를 물에 하루 정도 불린 다음, 얇게 살을 떠요.

❸ 속살이 되는 긴살과 목살을 부레풀로 붙여요. 이 과정을 '합죽'이라고 해요.

❹ 중심이 되는 가장자리 갓대(변죽)를 만들어요. 가장자리 갓대 밑에 검정색 수침목을 대고, 아래에 쇠뼈를 대요.

❺ 속살과 가장자리 갓대를 한데 모아 밑부분에 구멍을 뚫고 임시로 대나무 못을 박아요.

❻ 속살을 오목하게 깎고, 매끈하게 다듬어요.

❼ 한지를 부채의 크기에 맞추어 자르고, 부챗살에 맞도록 접은 다음, 풀칠을 해 붙여요.

❽ 목살을 꽉 묶은 다음 장식을 끼우고 목살을 고정시키는 못을 박아요.

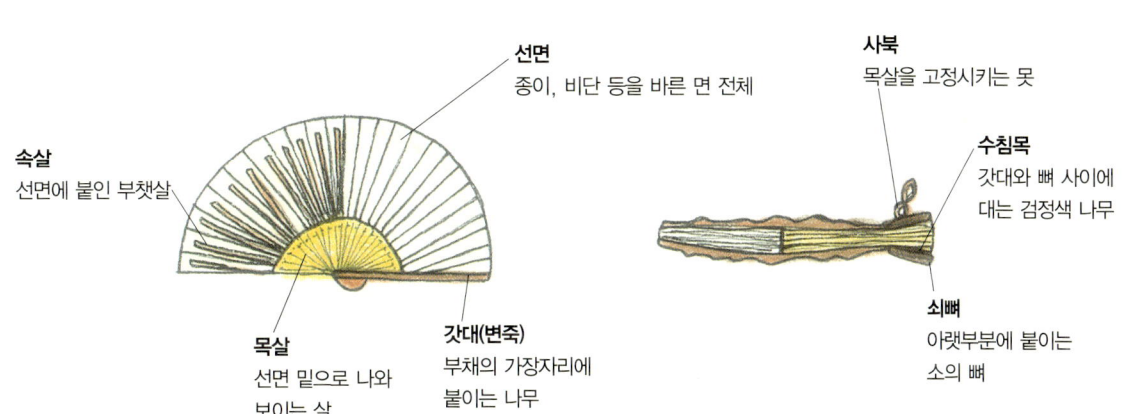

선면 종이, 비단 등을 바른 면 전체

사북 목살을 고정시키는 못

속살 선면에 붙인 부챗살

수침목 갓대와 뼈 사이에 대는 검정색 나무

목살 선면 밑으로 나와 보이는 살

갓대(변죽) 부채의 가장자리에 붙이는 나무

쇠뼈 아랫부분에 붙이는 소의 뼈

❖ 수리취떡에 무늬를 새긴 떡살

단오는 '수릿날'이라고도 하고 '수리'라고도 해요. 수리취를 넣고 떡을 해 먹었다고 해서 그렇다고도 하고, 쑥으로 수레 모양의 떡을 해 먹어서 그렇다고도 해요. 수리는 수레의 옛말이랍니다.

수리는 또한 '높음'을 뜻하는 옛말로, 일 년 중 최고의 날이라는 뜻도 돼요. 예로부터 우리나라는 3월 3일, 5월 5일, 6월 6일, 7월 7일 등 월과 일이 겹치는 날을 양기가 가득한 좋은 날로 쳤어요. 양기는 세상 모든 것이 활발히 살아 움직이는 기운을 말해요. 특히 음력 5월 5일은 일 년 중에 양기가 가장 으뜸인 날이었고, 오시인 11시부터 오후 1시 사이에 양기가 최고로 높았어요. 오시가 되면 아낙들은 익모초, 쑥 등을 열심히 뜯었어요.

"오시에 뜯은 쑥은 약쑥이야, 약쑥! 아플 때 이걸 먹으면 벌떡 일어난다고."

"익모초는 또 어떻고. 여름에 식욕 없을 때 익모초즙 먹으면 최고라니까."

약쑥은 다발로 만들어 대문 옆에 세워 두었어요. 나쁜 귀신과 병이 들어오는 걸 막기 위해서였어요.

또 멥쌀가루에 수리취를 넣어 수리취떡도 만들었어요. 초록색 나물을 넣어 만들기 때문에 떡 색깔도 초록색을

떡살

띤답니다. 수리취떡 위에는 떡살로 수레 무늬를 찍었어요.

떡살은 '떡에 살(무늬)을 박는다'고 해서 붙여진 이름이에요. 떡살의 누르는 면에는 무늬가 올록볼록 새겨져 있어요. 적당한 크기로 잘라 낸 떡에 물기를 묻혀서 떡살로 도장을 찍듯이 누르면 무늬가 떡에 새겨지지요.

떡살은 떡에 같은 무늬를 한꺼번에 여러 개 찍을 수 있는 과학적인 도구였어요. 일일이 그리지 않고도 똑같이 여러 장의 그림을 찍어 낼 수 있는 판화처럼, 일일이 모양을 내지 않아도 떡에 고운 무늬를 똑같이 새길 수 있었답니다.

> **자연에서 얻은 천연 칠 '옻'**
> 피부가 약한 사람은 옻나무에 살짝 스치기만 해도 몸에 울긋불긋 반점이 생겨요. 옻나무는 무서운 독이 있는 나무랍니다.
> 우리 조상들은 이런 무시무시한 옻나무의 진을 뽑아내 칠로 사용했어요. 자개와 나무에도 칠했고, 종이로 만든 함이나 도자기, 가죽과 옷감과 금속에도 칠했어요. 칠한 옻이 굳은 다음에는 옻독이 오르지 않아요. 옻을 칠한 물건은 썩지 않고 오래도록 튼튼하지요. 고려 시대에 만들어진 팔만대장경 경판도 옻칠을 두세 겹 해서 튼튼하게 보존되도록 만들었답니다.

떡살은 시어머니에서 며느리로, 며느리에게서 손자며느리로 오래도록 이어졌어요. 떡살을 만들어 옻칠을 해 놓으면 오랫동안 두고두고 쓸 수 있었어요. 물건에 옻칠을 하면 쉽게 변하지 않아요. 벌레가 먹는 것도 막아 주고 열과 습기에도 강해지지요. 그래서 옻칠을 한 물건은 아주 오랫동안 쓸 수 있었답니다.

❖ 그네뛰기와 진자 운동

뭐니 뭐니 해도 단오에 가장 신 나는 놀이는 그네뛰기였어요. 단오가 되면 여자들은 커다란 나무의 가지에 매단 그네를 타고 하늘로 힘껏 날아올랐어요.

"나 봐라, 높지?"

"흥, 내가 더 높이 오를 거야."

그네의 움직임은 꼭 괘종시계의 추가 움직이는 것과 같아요. 앞뒤로 흔들리며 점점 높이 올랐다 다시 내려가지요.

실에 매달린 추를 한 방향으로 밀면, 추는 하나의 축을 중심으로 좌우로 왕복해요. 이런 운동을 '진자 운동'이라고 하고, 이렇게 움직이는 물체를 '진자'라고 해요. 그네의 운동은 진자의 운동과 같아요.

만약 오른쪽에서 그네가 움직이기 시작했다면 왼쪽으로 올라갈 때에는 속도가 점점 느려졌다가, 왼쪽 최고 지점에서 속도가 멈추고, 아래로 내려갈 때에는 속도가 점점 빨라져요. 아래에서 다시 오른쪽으로 올라갈 때에는 속도가 점점 느려지고, 오른쪽 최고 지점에서 속도가 멈추지요.

이 현상을 위치 에너지와 운동 에너지로 얘기해 볼까요? 그네가 양쪽 최고 지점에 올랐을 때에는 가장 높은 위치에 있으므로 위치 에너지가 가장 많아지고, 속도가 멈추기 때문에 운동 에너지는 가장 적어져요. 그네가 가장 낮은 곳으로 내려왔을 때에는 위치 에너지가 가장 줄어드는 반면, 속도가 가장 빠르므로 운동 에너지는 가장 많아져요.

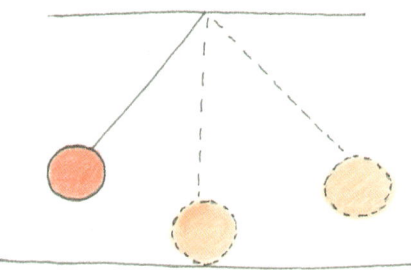

높은 지점 위치에너지가 많고 운동에너지가 적다.

낮은 지점 위치에너지가 적고 운동에너지가 많다.

위치 에너지가 늘면 운동 에너지가 줄고, 운동 에너지가 늘면 위치 에너지가 줄어드는 거예요. 그네의 위치에 따라 위치 에너지는 운동 에너지로 바뀌고, 운동 에너지는 다시 위치 에너지로 바뀌지요. 그네가 움직이는 동안 위치 에너지와 운동 에너지는 계속해서 서로 바뀐답니다. 에너지는 이처럼 다른 형태로 변할 뿐 없어지지 않아요. 이것을 '에너지 보존의 법칙' 이라고 해요.

> **위치 에너지와 운동 에너지**
> 위치 에너지는 물체가 어떤 위치에 있을 때에 생기는 에너지로, 높이 있을수록 그 양이 더 많아요. 운동 에너지는 운동하는 물체가 갖고 있는 에너지로, 빠르게 움직일수록 그 양이 더 많답니다.

❖ 대추나무 시집보내기와 열매 맺기

단옷날 오후 무렵에는 '대추나무 시집보내기'를 했어요.
"커다란 과일을 주렁주렁 맺어라." 하며 Y 자로 벌어진 대추나무의 큰 가지 사이에 잘생긴 돌을 골라 끼우는 거예요. 설렁설렁 끼우는 게 아니라, 아주 꽉 맞물리게 끼웠답니다. 신부 대추나무와 신랑 돌이 꼭 붙게 했지요. 이렇게 하면 정말 신랑과 신부 사이에 아이들이 주렁주렁 생겼어요. 가을에 커다란 대추가 가지마다 가득 열린 거예요. 어떻게 이런 일이 일어날까요?

대추나무는 자라며 몸과 가지가 점점 굵어져요. 그런데 돌이 대추나무 가지에 끼워져 있으니, 그 부분이 제대로 자라지 못하고 눌리게 돼요. 가지가 눌리니 영양분이 지나는 통로가 좁아질 수밖에 없지요.

나뭇잎은 광합성을 통해 영양분을 만들어요. 이 영양분은 가지로 이어진 통로를 통해 몸을 지나 뿌리까지 가지요. 그런데 통로가 좁으니 영양분이 제대로 지나갈 수가 없어요. 결국 영양분은 대추나무의 몸으로 가지 않고, 가지로 돌아와 열매를 맺어요. 많은 영양분이 열매로 가기 때문에 더 크고 토실토실한 과일이 열리게 되지요.

과일나무를 시집보내는 풍습은 전국에 퍼져 있어요. 단오가 되면 지금도 전국 곳곳에서 대추나무 시집보내기를 한답니다.

제사를 지낼 때 감, 밤과 함께 대추가 꼭 오른다는 걸 아나요? 우리 조상들은 가지마다 열매가 주렁주렁 열리는 대추나무처럼 자손이 많이 태어나길 바라는 뜻으로 제사상에 꼭 대추를 올렸답니다.

나뭇잎의 광합성

광합성을 하려면 햇빛, 이산화탄소, 물, 이렇게 세 가지가 꼭 필요해요. 식물의 잎 속에는 엽록체라는 곳이 있어, 이곳에서 광합성이 일어나요. 엽록체에는 초록색 색소인 '엽록소'가 있어요. 엽록소는 햇빛을 빨아들여요. 또 잎에 있는 '기공'이라는 공기구멍으로 이산화탄소를 빨아들이고 산소를 내뿜지요. 뿌리에서는 물을 빨아들이고요. 이렇게 햇빛, 이산화탄소, 물, 세 가지가 모두 모이면 엽록체에서 광합성이 일어나 양분이 만들어진답니다.

우리 과학 문화재

해시계 '앙부일구'

단오의 오시는 아주 특별해요. 일 년 중 양기가 가장 강한 때거든요. 그런데 시계가 흔치 않았던 옛날에 우리 조상들은 어떻게 오시가 됐는지 알았을까요?

옛날 사람들은 해, 그림자, 달 등을 보고도 시간을 알았지만, 보다 정확하게 아는 방법이 있었어요. 바로 해시계를 보는 거였어요!

세종대왕은 모든 백성들이 시간을 알 수 있도록 사람이 많이 다니는 곳에 해시계를 설치하라고 명령했어요. 그래서 누구나 볼 수 있는 공중 시계를 한양의 종묘와 혜정교 앞에 놓았어요. 이 해시계의 이름이 '앙부일구'랍니다. '앙부'는 '하늘을 보고 있는 가마솥'이란 말이고, '일구'는 '해시계'를 뜻하는 말이지요. 생김새가 꼭 가마솥처럼 생겨서 붙은 이름이에요. 우리말로 '오목 해시계'라고도 부른답니다.

앙부일구

가로선
절기를 나타내는 선. 태양이 하늘의 어느 위치에 있는지에 따라 일 년을 24개로 나눈 것을 절기라고 한다.

세로선
시간을 나타내는 선

시침
시침의 그림자를 보고 시간과 절기를 알아낸다.

조선 시대에 길에 설치된 앙부일구는 세숫대야만 했어요. 시계 안에는 그림자를 만드는 시침이 있었어요. 시침의 그림자가 어디를 가리키느냐를 보고 시간을 알아냈지요. 앙부일구의 가장자리에는 동물 그림이 그려져 있었어요. 우리나라는 조선 시대까지만 해도 하루의 시간을 12개의 동물 시간으로 나누어 썼거든요. 그래서 글자를 모르는 백성들도 시간을 알 수 있도록 생각해 낸 방법이 해시계에 동물 그림을 새기는 것이었지요.

앙부일구에는 계절을 24절기로 나눈 절기 선이 함께 표시되어 있어요. 앙부일구의 세로선이 시간을 나타낸다면, 가로선은 절기를 나타내지요. 앙부일구의 시침이 어디에 있는지를 보면 지금이 무슨 시간인지, 어느 절기인지를 한눈에 알 수 있었답니다.

열둘로 나눈 시간

우리 조상들은 하루를 24시간이 아니라 12시간으로 나누어 썼어요. 이 때에는 시계가 널리 쓰이지 않았기 때문에 해의 위치, 그림자의 길이, 달의 위치 등을 보고 시간을 짐작했지요. 새벽에 첫닭이 울면 "인시인가 보다." 했고, 정오에 그림자가 짧아지면 "오시인가 보다." 했답니다.

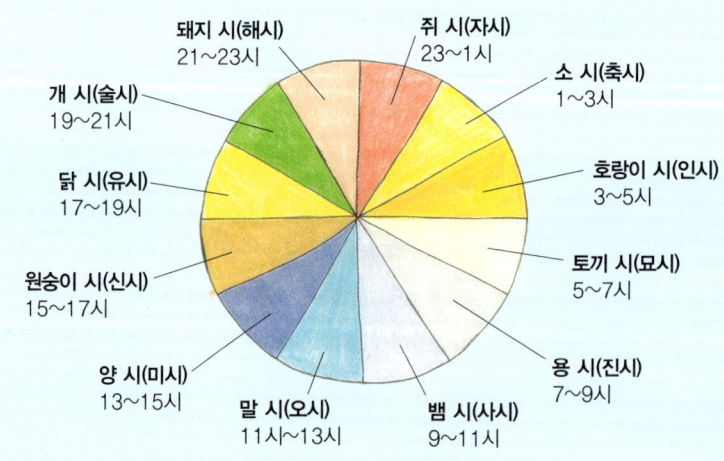

유두에 만나는 우리 과학

6월

- 밀로 빚은 유두 음식과 누룩 | 누룩 만들기
- 이열치열의 과학, 모래찜질과 삼계탕
- 대나무와 등나무로 만든 피서 도구
- 김매기를 대신한 동물들
- 우리 과학 문화재 | 옛사람들의 냉장고 '석빙고'

6월

❖ 유두에 만나는 우리 과학

해는 쨍쨍, 땀은 줄줄. 음력 6월은 무더운 여름이에요.

여름이 오면 우리 조상들은 시원한 삼베옷과 모시옷을 입었어요. 밤에는 대나무로 만든 죽부인을 껴안고 잤어요.

음력 6월 15일인 유두에는 동쪽에서 흐르는 시내를 찾아 머리를 감고 목욕을 했어요. 동쪽의 양기를 받아 나쁜 귀신을 쫓고 여름에 더위 먹는 일을 막기 위해서였어요. 유두는 '동쪽에서 흐르는 물에 목욕을 한다'는 '동류두목욕'이라는 말에서 나온 명절이에요.

'유두천신'이라는 제사도 지냈어요. 여름에 나는 햇과일을 준비하고 유두 국수, 수단과 경단 같은 음식을 정성껏 만들어 조상님을 모신

사당에서 제사를 지냈지요. 논과 밭에서 땅의 신에게도 제사를 지냈어요.

"올해도 곡식이 잘 자라게 해 주세요."

제사를 지낸 다음에는 정성껏 마련한 음식을 먹었어요. 국수 가락처럼 건강하게 오래 살라는 뜻을 담은 유두 국수를 먹었고, 수단과 경단 같은 떡을 맛있게 먹었어요. 밀을 굵게 갈아 누룩도 만들었어요.

선비들은 술과 안주를 준비해 가서 계곡물에 발을 담그고 시를 읊으며 놀았어요. 이것을 '유두연'이라고 해요.

음력 6월에는 일 년 중 가장 무덥다는 복날이 끼어 있어요. 초복, 중복, 말복이 보통 10일 간격으로 오지요. 복날이면 우리 조상들은 더위를 피해 물가나 폭포에서 술과 음식을 먹으며 더위를 피했어요. 특히 삼계탕이나 개장국을 끓여 먹어 몸을 튼튼히 했답니다. 바닷가 지방에서는 뜨끈뜨끈한 모래에 찜질을 했지요.

음력 6월의 풍경에서 우리 전통 과학을 찾아볼까요?

누룩에는 곰팡이로 만드는 발효 과학이 담겨 있어요. 삼계탕과 모래찜질에는 이열치열의 과학이 들어 있지요. 무더위를 이기기 위해 입던 삼베옷과 모시옷, 그리고 잠을 잘 때 쓰던 죽부인에서는 조상들의 지혜를 배울 수 있답니다. 논에 오리와 미꾸라지, 개구리 등을 살게 한 친환경 농법에서는 생태계의 신비를 배울 수 있어요.

❖ 밀로 빚은 유두 음식과 누룩

봄에 심은 밀을 수확할 즈음 유두가 돌아와요. 우리 조상들은 유두에 새로 수확한 밀로 갖가지 계절 음식을 만들어 먹었어요.

밀가루로 만든 유두 국수는 '유두면'이라고 하는데, 유두면을 먹으면 건강히 오래 살고, 더위도 타지 않는다고 해요. 밀가루로 구슬도 만들었어요. 구슬을 5가지 색으로 물들여 3개씩 포개어 색실로 꿴 다음, 허리에 차거나 대문 위에 걸어 두었어요. 이렇게 하면 나쁜 귀신이 집에 못 들어온다고 생각했어요.

밀가루로 누룩도 만들었는데, 누룩 만들기는 유두에 하는 중요한 행사 중 하나였어요.

"유두에 만든 누룩은 맛이 기가 막히다!"

이런 말이 전해질 정도랍니다.

누룩은 곰팡이와 효모로 만든 특별한 발효 식품이에요. 술을 만들 때 사용하지요. 누룩을 만들 때는 우선 밀을 가루로 만든 다음, 물을 섞어서 반죽을 해요. 밀가루 반죽을 볏집이나 쑥 등에 넣어

두면, 밀가루 안에서 잠자고 있던 젖산과 효모 등이 활동을 시작하지요. 젖산은 누룩에 나쁜 균이 들어오는 걸 막아 좋은 효모와 누룩곰팡이가 반죽에 필 수 있도록 돕는답니다.

좋은 누룩에는 효모와 곰팡이가 가득 들어 있어요. 공기 중에 떠다니던 여러 효모와 곰팡이들이 누룩에 모여들어 피게 되지요. 곰팡이는 누룩의 겉에 피고, 효모는 누룩의 안에서 핀답니다.

곰팡이와 효모는 누룩이 마를 때까지 계속 피어요. 누룩이 완전히 마르면, 곰팡이와 효모는 누룩 안에서 잠을 자며 깨어날 때를 기다리게 돼요.

누룩에는 누룩곰팡이와 효모만 들어가는 게 아니라, 여러 가지 미생물들도 함께 들어가요. 누룩 안에 들어가는 미생물의 종류가 각 지방의 자연환경에 따라 달랐기 때문에, 누룩의 맛도 지방마다 조금씩 달랐답니다. 우리 조상들은 지방마다, 집집마다 다른 맛의 누룩을 써서 온갖 술을 빚어냈어요. 곰팡이와 효모를 이용한 발효 음식은 과학적이고 몸에도 좋아요. 서양의 발효 음식인 요구르트와 치즈도 우리 발효 음식과 비슷한 원리로 만들지요.

밀밭 가서 술 찾기

우리 속담에 밀밭 가서 술을 찾는다는 말이 있어요. 술이 만들어지는 데는 오랜 시간이 걸려요. 밀을 수확해 누룩을 만들어 그 누룩으로 술을 빚지요. 다짜고짜 밀밭에서 술을 찾아봤자 술이 나올 리 없어요. 우리 조상들은 성미가 몹시 급한 사람을 두고 "쯧쯧, 밀밭 가서 술을 찾고 있구먼." 하고 말했답니다.

누룩 만들기

음력 6월은 누룩을 빚는 데 알맞은 달이에요. 유두에는 집집마다 누룩을 만들었어요. 누룩은 곡물을 갈아 반죽하고, 여기에 누룩곰팡이가 피게 해서 만들어요. 누룩은 술을 만들 때 꼭 들어간답니다.

누룩 만들기

❶ 통밀을 깨끗이 씻어 햇볕에 바짝 말려요.

❷ 말린 통밀을 맷돌에 갈아 거친 가루로 만들어요.

❸ 물을 넣어 밀가루를 반죽해요. 반죽을 손으로 쥐었을 때 밀가루가 묻지 않을 정도만 물을 넣고 반죽해요.

❹ 누룩 틀에 보자기를 깔고 반죽을 채워 넣어요. 단단히 눌러서 빈 공간을 남기지 말고 꽉 채워야 나쁜 균이 피지 않아요.

❺ 누룩 틀에서 누룩을 빼 볏짚이나 쑥 등을 겹겹이 깔고 그 사이에 누룩을 넣어 부엌의 시렁이나 온돌방에 두어요.

❻ 누룩이 썩지 않도록 3~4일에 한 번씩 누룩을 뒤집어 줘요. 이렇게 하면 곰팡이가 골고루 잘 자라요.

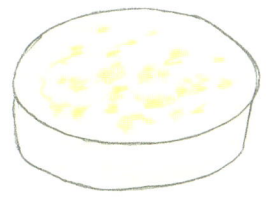

❼ 누룩의 겉에 하얗거나 누르스름한 누룩곰팡이가 필 때까지 기다려요.

❽ 그늘지고 바람이 잘 통하는 응달에서 한 달에서 한 달 반 정도 말려요.

❖ 이열치열의 과학, 모래찜질과 삼계탕

일 년 중 가장 덥다는 복날.

우리 조상들은 복날을 다른 어떤 날보다 뜨겁게 지냈어요. 뜨거운 음식을 먹고, 뜨거운 찜질을 하면서 뜨겁게 하루를 보냈지요.

이날 우리 조상들은 삼계탕이나 개장국을 끓여 먹었어요. 삼계탕은 닭 속에 찹쌀, 인삼, 대추 등을 넣고 푹 고은 음식이에요. 개장국은 오늘날의 보신탕으로, 개를 잡아 파를 넣고 푹 끓인 전통 음식이지요. 옛날에는 고기가 흔하지 않았어요. 그래서 사람들은 주변에서 가장 쉽게 구할 수 있었던 개로 음식을 해 먹은 것이랍니다.

바닷가에 사는 사람들은 모래찜질을 했어요. 모래사장에 누워 온몸을 뜨거운 모래 속에 묻고 얼굴만 내민 채 찜질을 즐겼답니다.

왜 우리 조상들은 더운 여름에 뜨거운 음식을 먹고, 뜨거운 모래에 찜질을 했을까요?

'이열치열'이라는 말이 있어요. '열은 열로 다스린다'는 말이에요. 날이 더워지면 사람 몸의 온도가 올라가지요. 이때 더 뜨거운 음식이 몸속으로 들어가면, 위와 장의 운동이 활발해지며 몸에 열이 올라요. 그러면 열을 식히기 위해 모세 혈관이 열리고 땀이 쏟아져 나와요. 이

때 몸속에 있던 나쁜 물질들이 땀과 함께 몸 밖으로 빠져나오지요. 땀을 많이 흘려 열을 떨어뜨리니 시원함을 느끼게 되고, 몸속의 나쁜 물질이 빠져나가니 몸이 가뿐해진답니다.

모래찜질을 하는 이유도 비슷해요. 모래의 따뜻한 열은 몸속의 피를 잘 돌게 하고, 피부의 모세 혈관을 열고, 땀이 나게 해요. 그러면서 몸속에 있던 나쁜 물질이 빠져나가고, 모래에 있는 좋은 성분이 몸으로 흡수된답니다. 모래찜질은 먼 옛날부터 신경통이나 소화 장애 같은 병을 고치는 데 쓴 방법이에요.

열을 내서 더위를 이기는 '이열치열' 여름 나기에는 이와 같은 과학적 지혜가 담겨 있답니다.

더울수록 차가워지는 위장

한의학에서는 날씨가 더우면 내장은 오히려 차가워진다고 여겨요. 그러니 일 년 중 가장 덥다는 복날, 사람의 위장은 가장 차가운 셈이 돼요. 그 때문에 열을 내는 음식으로 위장을 덥혀 더위를 이겨야 해요. 덥다고 차가운 음식을 먹으면, 차가운 위장이 더 차가워져 배탈이 나고 말아요. 그러니 더울 때에는 찬 음식을 멀리하는 게 좋답니다.

❖ 대나무와 등나무로 만든 피서 도구

"바람 각시야, 너 없이는 못 살아!"

누가 누구에게 이런 말을 했을까요? 바로 여름철에 남자들이 '죽부인'에게 한 말이었어요.

옛날 남자들은 아들에게 집도 물려주고, 땅도 물려주고, 곳간도 물려줬지만 죽부인만은 절대로 물려주지 않았답니다. 여름 내내 껴안고 잤으니 "죽부인도 내 부인이다."라고 했던 거예요. 죽부인은 대나무를 쪼개어 둥글게 얼기설기 엮어 만든 기구예요. 땀이 빨리 식도록 바람이 잘 통하게 하는 역할을 해요. 다리를 얹으면 구멍을 통해 바람이 들어와 시원하지요.

무더운 여름에는 대나무처럼 쓸모가 많은 것도 없어요. 대나무는 가볍고 튼튼할 뿐 아니라 몸에 닿아도 달라붙지 않고 시원한 느낌을 주지요. 대나무로 만든 돗자리인 '대자리'를 깔고 누우면 시원한 기운이 솔솔 올라와요. 대나무로 만든 '대발'은 햇볕은 가리고 바람은 통하게 하는 멋진 도구예요. 대나무로 만든 베개인 '죽침'도 마찬가지예요. 숭숭 뚫린 구멍으로 시원한 바람이 들어와 땀이 날아가기 쉽게 하지요. 죽부인, 죽침, 대자리, 대발은 오늘날에도 여름나기 도구로 많은 사랑을 받고 있어요.

등나무 덩굴을 가늘게 쪼개 만든 '등등거리'도 조상들의 지혜로운 도구였어요. 등등거리는 '등나무로 만들어, 등에 거는 걸이'라는 뜻이에요. 옷 안에 등등거리를 걸치면, 옷이 살갗에 닿지 않을 뿐 아니라 옷 속으로 바람이 잘 들어와서 여름을 시원하게 날 수 있었어요. 등토시는 '등나무로 만든 토시'예요. 팔뚝에 끼어 바람이 잘 통하게 했지요.

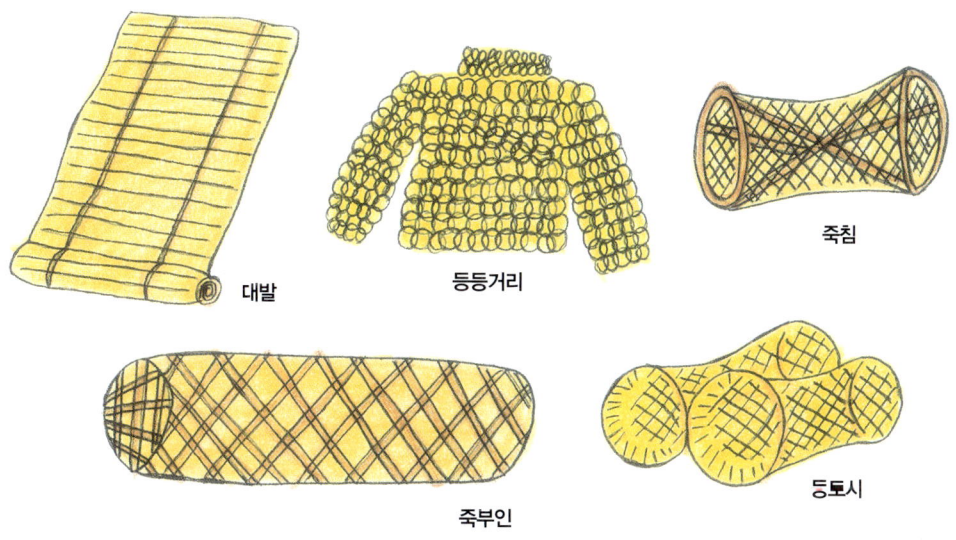

대발
등등거리
죽침
죽부인
등토시

시원한 모시와 삼베

우리 조상들은 여름철에 모시나 삼베로 옷을 지어 입었어요. 식물인 삼의 껍질을 쪼개서 이으면 질기고 가느다란 실이 되는데, 이 실로 짠 천을 삼베라고 해요. 삼베는 우리나라에서 가장 오래된 옷감으로, 올이 거칠고 질기답니다. 모시풀의 껍질로 만든 천인 모시도 있어요. 모시는 올이 곱고 부드러워 고급 옷을 만들 때에 써요. 삼베와 모시는 까끌까끌하고 시원한 데다 땀을 잘 흡수해 여름 옷감으로 널리 쓰였답니다.

❖ 김매기를 대신한 동물들

햇볕이 쨍쨍 내리쬐는 음력 6월 무렵에는 논에 심은 벼들이 쑥쑥 자라요. 사람들은 논에서 쓸모없는 잡초를 뽑아 잡초가 땅의 영양분을 빼앗는 걸 막지요. 이걸 김매기라고 해요.

그런데 어떤 곳에서는 김매기를 동물들이 대신했어요. 오리를 논에 풀어 놓으면, 오리들이 잡초를 뜯어 먹고 벌레를 잡아먹었어요.

오리들은 벼 포기 사이를 꾹꾹 걸어 다니고, 텀벙텀벙 물장구를 쳐요. 그러면 잡초의 싹이 트는 걸 막을 수 있어요. 또, 땅 위로 올라온 어린 잡초는 오리가 납작하게 밟아 죽이거나 먹어 치워 버린답니다. 자연 김매기가 따로 없지요.

게다가 오리들은 벼를 해치는 바구미, 벼멸구 등 나쁜 벌레도 잡아먹고, 오리가 눈 똥과 오줌은 영양분이 되어 벼를 살찌게 한답니다.

농사에 도움을 주는 동물은 오리만이 아니었어요. 개구리나 미꾸라지도 논에 살며 벼가 잘 자라도록 도와주었어요. 미꾸라지는 논에 댄 물을 타고 논에 들어와 살며 물속에 사는 나쁜 애벌레와 벌레를 잡아먹어요. 또 논바닥에 구멍을 뚫고 헤엄쳐 다니며 물을 움직여 논의 물이 썩지 않도록 도와주지요. 개구리는 논 옆에 살며 날아다니는 작은 해충과 벼를 갉아 먹는 메뚜기들을 먹어 치운답니다. 개구리가 많아지면 뱀이 나타나 개구리를 잡아먹어요. 우리 조상들은 동물과 식물들이 자연의 흐름에 따라 서로 도우며, 서로 먹고 먹히며 살아간다는 걸 잘 알고 있었답니다.

요즘 농촌에서는 조상들이 썼던 지혜로운 자연 농법으로 농사를 짓는 사람들이 늘고 있어요. 몸에 나쁜 농약과 비료를 쓰는 대신 오리와 미꾸라지, 우렁이 등을 논에 풀어 건강한 벼를 키우는 거예요. 그렇게 키운 벼가 우리 몸에 훨씬 좋기 때문이지요.

작은 생태계, 논

농약이나 비료를 쓰지 않은 논은 작은 생태계와 같아요. 생태계란 한 공간 안에 있는 모든 생물체와 자연환경, 그리고 이들이 주고받는 영향 등을 한데 아우르는 말이에요. 논은 물, 햇빛, 공기 등과 함께 땅을 이루는 자연환경이에요. 논의 벼와 잡초 등 녹색 식물들은 생산자이고, 풀을 먹고 사는 메뚜기, 바구미, 벼멸구 등은 1차 소비자인 초식 동물이에요. 메뚜기, 바구미, 벼멸구 등 초식 동물을 먹고 사는 개구리, 미꾸라지, 오리 등은 2차 소비자인 육식 동물이에요. 개구리, 미꾸라지 등 육식 동물을 먹는 뱀은 3차 소비자이지요. 그리고 땅에는 이런 동식물들의 똥이나 오줌, 죽은 몸을 분해하는 세균과 미생물이 살고 있답니다.

논은 생산자와 소비자, 분해자가 한데 조화를 이루며 살고 있는 작은 생태계라고 할 수 있어요.

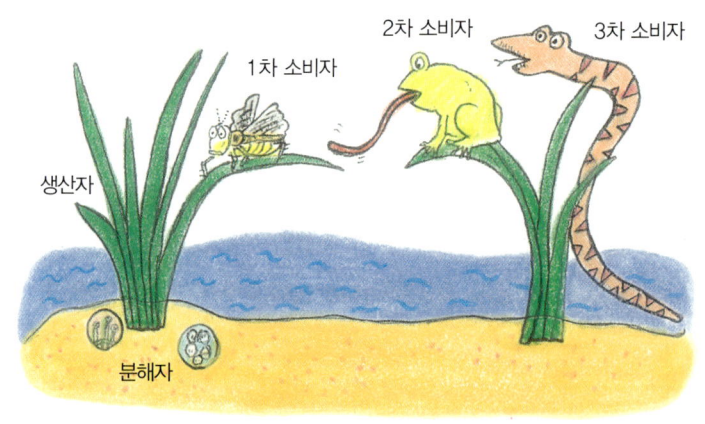

옛사람들의 냉장고 '석빙고'

옛날 궁궐에서는 유두에 신하들에게 아주 특별한 선물을 했어요. 얼음과 바꿀 수 있는 '빙표'를 나누어 준 거예요. 신하들은 빙표를 가지고 서빙고에 가서 얼음을 받아 갔어요. 요즘같이 냉장고가 없었던 옛날에 한여름의 시원한 얼음은 정말 값진 선물이었지요.

우리 조상들은 먼 옛날부터 빙고를 만들어 얼음을 보관했어요. 조선 시대에는 한양에 '동빙고'와 '서빙고'가 있었어요. 이 두 곳을 합쳐 '양빙고'라고 했지요. 동빙고에는 나라에서 지내는 중요한 제사에 쓸 얼음을 보관했어요. 특별히 깨끗하고 좋은 얼음을 보관했지요. 서빙고에는 나라의 행사에 쓰거나 관청, 신하 들이 쓸 얼음을 보관했어요. 창덕궁에는 궁궐 주방 전용 창고인 '내빙고'도 있었어요. 내빙고의 얼음은 궁궐에서 음식을 만들 때 썼답니다.

동빙고와 서빙고, 내빙고는 모두 나무로 지은 목빙고라서 지금은 남아 있지 않아요. 오늘날까지 남아 있는 빙고는 단단한 화강암으로 지어진 석빙고뿐이에요.

석빙고는 지하를 반쯤 파서 만들었어요. 빙실의 절반은 지하에, 나머지 절반은 지상에 걸쳐지게 하여 돌로 벽과 천장을 만들었어요. 천장 위에는 흙을 두껍게 덮어 봉토를 만들고, 그 위로 공기가 통하도록 환기 구멍을 냈지요. 환기 구멍에는 큰 돌을 얹어 빗물이나 햇볕이 구멍 안으로 들어오지 못하게 막았어요. 또 봉토에는 잔디를 심어 해가 땅을 뜨겁게 달구는 걸 막고, 흙이 빗물에 흘러내리는 것도 막았어요. 두툼한 봉토는 바깥의 더운 열기가 빙고 안으로 들어오지 못하도록 단단히 막아 주었답니다.

빙고 바닥은 비스듬히 경사지게 만들어 흙을 다지거나 넓은 돌을 깔았어요. 바닥의 가장자리나 가운데에는 물이 흘러 나갈 수 있는 배수로도 있었어요. 얼음이 녹아 생긴 물은 다른 얼음까지 녹여 버리기 때문에 물이 생기자마자 밑으로 빠지도록 만든 것이었지요. 출입문은 얼음을 넣고 뺄 수 있을 정도의 크기로만 만들어 바깥의 뜨거운 공기가 안으로 들어오는 걸 최대한 막았어요.

빙고 안은 냉장고 안처럼 추웠어요. 그래서 추운 날 꽁꽁 언 얼음을 빙고에 넣어 두면 봄, 여름, 가을까지 오랫동안 보관할 수 있었답니다.

환기 구멍
공기가 들어오는 구멍.
뚜껑이 덮여 있어 뜨거운 햇볕과 빗물을 막아 준다.

봉토
봉긋하게 흙을 올려 잔디를 깔았다.
더운 열기가 빙고 안으로 들어오는 걸 막아 준다.

입구
작은 입구에 두꺼운 문이 달려 있었다.

경주 석빙고

칠석에 만나는·우리 과학

7월

- 은하수를 사이에 둔 직녀성과 견우성
- 우물과 숯 | 우물 청소하기
- 소에 다는 농기구
- 오작교와 우리 옛 다리
- 그물에도 들이고 옷에도 들인 감물
- 우리 과학 문화재 | 비의 양을 재는 '측우기'

7월

❖ 칠석에 만나는 우리 과학

직녀는 옥황상제의 손녀로 베를 무척 잘 짰어요. 견우는 목동으로 소를 무척 잘 돌보았지요. 옥황상제는 성실한 견우를 직녀의 신랑으로 맞았답니다. 한데 직녀와 견우는 결혼을 하자 둘이서 노느라 맡은 일을 조금도 하지 않았어요. 결국 화가 난 옥황상제가 말했어요.

"이제부터 직녀는 은하수 서쪽에서 베를 짜고 견우는 은하수 동쪽에서 살도록 해라!"

그러고서는 일 년에 딱 한 번 음력 7월 7일에만 만날 수 있게 해 주었어요. 이날이 바로 '칠석'이에요.

음력 7월 7일이 되자 견우와 직녀는 서로를 만나기 위해 은하수 앞으로 갔어요. 하지만 은하수를 건너지 못해 발만 동동 굴렀어요. 그러자 까마귀들과 까치들이 하늘로 날아올랐어요.

"저희가 도와 드릴게요!"

까마귀들과 까치들은 서로 몸을 이어 은하수에 다리를 놓아 주었어요. 견우와 직녀는 다리를 건너 일 년 만에 만날 수 있었답니다.

칠석이 되면 여자들은 오이와 가지를 상에 차린 다음 직녀에게 정성껏 소원을 빌었어요.
"베를 잘 짜게 해 주세요."
또 칠석에는 마을 사람들이 함께 우물 청소를 했어요. 여름 장맛비에 흙탕물이 된 우물을 퍼내어 깨끗이 청소한 다음, 새로 고인 우물물을 떠 올리거나 그 물로 차를 다려 시루떡과 함께 우물에 두고 제사를 지냈어요.
이제 칠석날의 과학을 만나 볼까요?
칠석의 전설은 지구의 자전과 공전에서 비롯되었어요. 칠석에 청소하던 우물에서는 물을 정화하는 숯의 기능을 알아볼 수 있어요. 견우에게서는 소가 끄는 쟁기와 달구지에 대해 알 수 있지요. 또 오작교를 통해 과학적인 무지개다리의 원리를 알아볼 수 있답니다.

❖ 은하수를 사이에 둔 직녀성과 견우성

 가로등 없는 어두운 시골길에서 하늘을 올려다보면 길게 퍼진 은색 띠가 보여요. 이것이 견우와 직녀를 가로막고 있는 은하수예요. 은하수는 '은빛 강'이라는 뜻으로, 수많은 별들이 모여 있는 모양이 꼭 강처럼 보여서 이렇게 부르지요.

 은하수의 양쪽 가장자리에 직녀성과 견우성이 있어요. 은하수 서쪽에는 직녀성이 빛나고, 은하수 동쪽에는 견우성이 빛나지요. 칠석날 밤에는 직녀성과 견우성이 가장 가까워 보여요.

 그렇지만 실제로 직녀성과 견우성이 가까워지는 건 아니에요. 우리 눈에 직녀성과 견우성이 가까워진 것처럼 보일 뿐이에요.

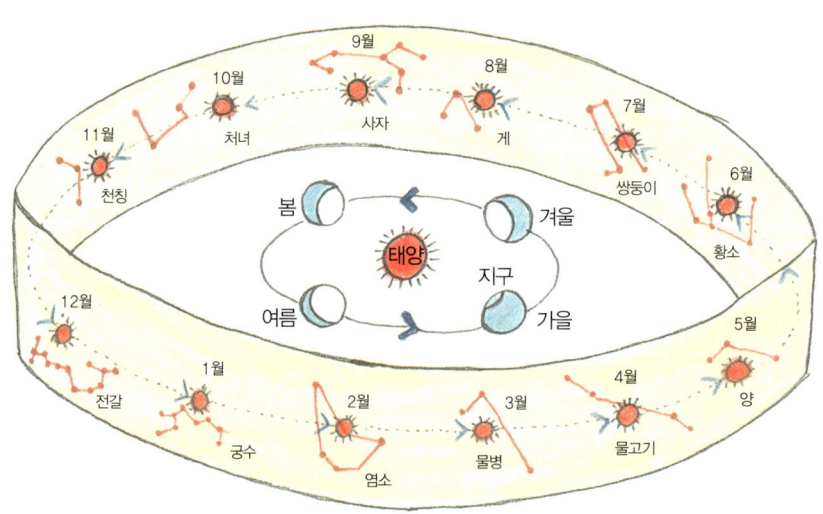

지구의 공전과 별자리

왜 이런 일이 생길까요? 바로 지구의 공전 때문이에요. 지구는 일 년 동안 태양 주위를 한 바퀴 도는 '공전'을 해요. 지구가 공전하면 지구의 위치가 달라지기 때문에 계절별로 잘 보이는 별자리가 다르고, 밤하늘에 보이는 별자리의 위치도 달라진답니다. 견우성과 직녀성도 계절에 따라 뜨는 위치가 다르게 보여요.

직녀성과 견우성 찾기

음력 7월 초저녁에 하늘을 올려다보면 3개의 밝은 별이 커다란 삼각형을 이루고 있어요. 이 중에서 머리 위에 가장 가까이 있고 가장 밝은 별이 직녀성이고, 그 남쪽으로 조금 떨어진 곳에 보이는 별이 견우성이에요. 북쪽에는 데네브라는 밝은 별이 있어요. 이 세 별을 이으면 커다란 삼각형이 만들어진답니다. 이것을 '여름철의 대삼각형'이라고 해요. 직녀성과 견우성 사이에는 은하수가 아름답게 흐르고 있어요. 서울 한복판에서는 은하수를 보지 못하지만 밝게 빛나는 3개의 별은 모두 찾을 수 있답니다.

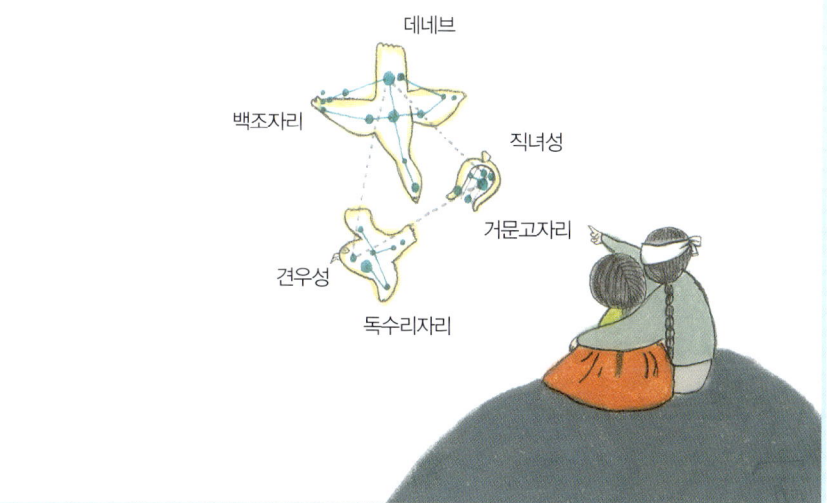

봄과 가을밤에는 직녀성과 견우성이 지평선과 가까운 곳에 떠 두 별 사이가 멀어 보여요. 여름밤에는 직녀성과 견우성이 우리 머리 위에 떠 두 별 사이가 가까워 보이지요. 우리 조상들은 먼 옛날부터 하늘을 보고 별을 헤아리며 별들의 움직임을 관찰했어요. 은하수를 사이에 두고 가까워졌다 멀어지는 견우성과 직녀성을 보며 칠석날 애틋한 견우 직녀 이야기를 떠올렸답니다.

❖ 우물과 숯

옛날 우리 조상들은 멀리 있는 냇가나 강가까지 가지 않아도 물을 쓸 수 있도록 마을에 공동 우물을 만들었어요. 잘사는 양반집에서는 집 안에 우물을 파서 물을 길어 썼지만, 보통 사람들은 공동 우물에서 물을 길었답니다.

칠석은 우물을 청소하는 날이었어요. 마을 사람들은 공동 우물에 모여 우물물을 모조리 푸고 짚으로 바닥을 싹싹 닦아 냈어요.

청소를 마치고 새 물이 솟으면, 새 우물물을 떠다가 칠성신에게 제사를 지냈어요.

"우리 가족이 병 없이 건강하게 살도록 해 주세요."

"올해도 풍년이 되게 해 주세요."

칠성신은 북두칠성을 상징하는 일곱 신이에요. 사람의 수명, 부귀,

농사, 삶과 죽음, 행운과 불행 등을 책임지지요.

　우물은 본래 매년 한 번씩 청소를 해 주어야 늘 깨끗한 물을 먹을 수 있어요. 그래서 장마가 끝난 뒤 칠석날에 다 함께 모여 비 때문에 흙탕물이 된 우물을 청소하는 거예요.

　우물은 무척 과학적인 원리로 만들어졌어요. 물이 지나는 곳에 구덩이를 판 다음, 바닥과 벽에 돌을 두르고 물이 들어오는 길을 조그맣게 냈어요. 그 밑에는 깨끗한 숯을 두껍게 깔고, 그 위에 다시 자갈을 깔았지요. 이렇게 하면 숯과 자갈이 정수기 역할을 했어요.

　우물 밑에 까는 숯에는 구멍이 아주 많아요. 이 구멍이 거름종이처럼 더러운 먼지와 나쁜 벌레 등을 걸러 주었어요. 또 숯에 들어 있는 칼슘, 마그네슘, 철 등의 광물질이 물에 녹아, 물을 영양가 높게 만들어 주었지요.

　장을 담글 때에도 숯을 넣었어요. 숯은 나쁜 균을 막아 주고, 장이 익을 때 필요한 좋은 미생물이 잘 번식할 수 있게 해 주지요. 광에 음식을 보관할 때도 숯을 함께 넣어 두었어요. 그러면 음식을 오랫동안 신선하게 보관할 수 있었답니다.

우물 청소하기

우물은 물을 길어 쓰려고 땅을 파서 지하수가 고이게 한 곳이에요. 옛날에는 지금 같은 수도가 없었기 때문에 공동 우물에서 물을 길어 썼어요. 이 물로 쌀도 씻고, 음식도 하고, 세수도 했답니다.

우물 청소하기

❶ 우물 안의 물을 퍼내요. 물을 거의 다 퍼내면 사람이 우물 안으로 들어가 물이 들어오는 물길을 나무로 막아요. 그 뒤 우물에 남은 물을 마저 퍼내요.

❷ 돌에 낀 이끼나 때를 짚수세미로 닦아요. 짚으로 쓱싹쓱싹 돌을 닦으면 이끼가 깨끗이 떨어져 나가요.

짚수세미

❸ 우물 밑에 깔아 두었던 자갈과 숯을 두레박에 담아 밖으로 내보내고, 우물 밖에 있던 사람들은 자갈을 깨끗하게 씻어요.

❹ 우물 안이 깨끗해지도록 우물 바닥을 짚으로 닦아요.

❺ 물을 걸러 줄 새 숯을 바닥에 깔아요.

❻ 숯을 깐 다음에는 깨끗이 씻어 놓은 자갈을 다시 깔아요. 자갈도 물을 걸러 주는 역할을 하지요.

❼ 마지막으로 막았던 물길을 뚫어요. 일을 마치면 커다란 두레박을 타고 우물 밖으로 나가요.

❖ 소에 다는 농기구

직녀의 신랑 견우는 소 치는 목동이었어요. '견우'라는 이름은 '소를 이끈다'는 뜻이지요.

소는 힘 좋은 일꾼이에요. 농부 9명이 할 일을 소 한 마리가 거뜬히 해낸다고 할 정도였지요. 또 소는 말도 잘 듣고 성격도 무척 순해요. 그래서 농사일에 많은 도움을 주었어요. 농부들은 소를 최고의 재산으로 여기고 가족처럼 아꼈답니다.

농사일을 시작하는 봄이 되면 농부들은 겨우내 단단해진 땅에 두엄을 뿌려 두었다가 소에 쟁기를 걸었어요. 소는 "이랴, 이랴." 하면 가고 "워워." 하면 멈추며 쟁기로 땅을 갈았어요. 땅이 딱딱하면 어린 식물이 뿌리를 내리기 힘들고, 물이 땅에 잘 스며들지 않아요. 그래서 쟁기로 땅을 갈아엎어 흙과 두엄을 섞었답니다. 이렇게 하면 흙이 부드러워져 농사가 더 잘되었어요.

쟁기는 논밭을 가는 농기구예요. 소가 쟁기를 끌면, 그 힘에 의해 쟁기 끝에 달린 보습이 땅속으로 파고들면서 땅을 갈지요. 방향만 잘 잡아 주면 힘들이지 않고 땅을 갈 수 있답니다.

우리나라의 쟁기는 서양의 전통 쟁기보다 훨씬 훌륭했어요. 우리나라의 쟁기는 성에가 아래를 향하고 있어서 보습이 땅속으로 잘 파고들어요. 반면 서양의 쟁기는 성에가 위를 향하고 있어서 보습이 자꾸 땅 위로 나오려고 했어요. 사람이 쟁깃술을 밟거나 쟁기를 앞으로 기울여야만 땅이 갈렸답니다.

소가 끄는 수레인 소달구지도 훌륭한 농사 도구였어요. 우리 조상들은 소달구지에 쌀가마도 싣고, 나뭇짐도 싣고, 모래도 싣고, 농기구도 실었어요.

소달구지의 바퀴는 튼튼하게 만들었어요. 바퀴에 철판으로 만든 텟쇠를 둘러 더 오래 쓸 수 있도록 했지요. 울퉁불퉁한 산악 지역에서는 바퀴가 2개인 달구지를 썼어요. 두 바퀴 달구지는 바퀴를 크게 만들고 상틀(짐을 싣는 달구지의 몸)을 높이 달았어요. 이렇게 만들면 울

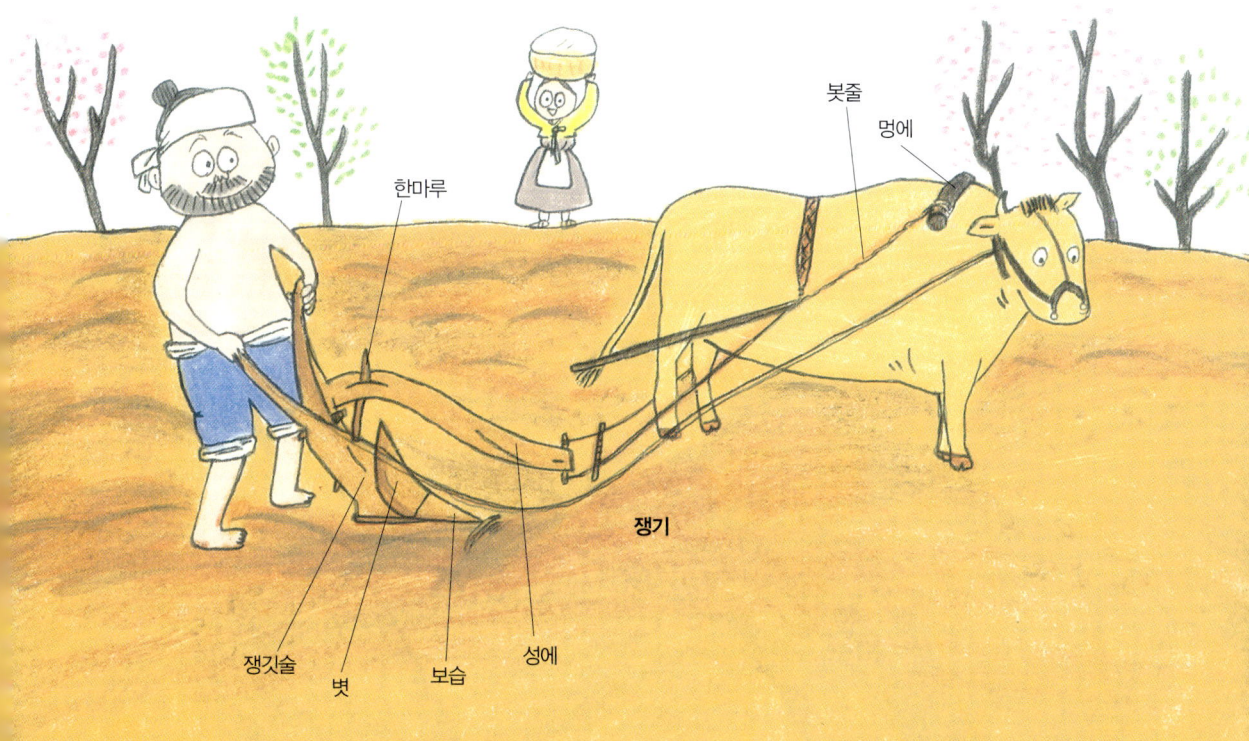

퉁불퉁한 바위나 돌이 상틀에 닿지 않아 편리했어요. 너른 평야 지대에서는 바퀴가 4개인 달구지를 썼어요. 네 바퀴 달구지는 앞바퀴가 뒷바퀴보다 작아요. 그리고 앞바퀴 쪽에 '거털'이라는 쇠붙이 장치가 있어 달구지의 방향을 바꾸기 좋답니다.

❖ 오작교와 우리 옛 다리

칠석이 되면 까마귀들과 까치들은 하늘로 날아올라 은하수에 다리를 놓았어요.

"저희를 밟고 가세요."

이 다리의 이름은 '오작교'예요. '까마귀와 까치가 놓은 다리'라는 뜻이지요.

"고맙다. 까마귀들아, 까치들아!"

견우와 직녀는 오작교를 건너 일 년 만에 다시 만날 수 있었답니다.

전라도 남원에 가면 은하수를 상징하는 연못과 칠석날 견우와 직녀의 만남을 상징하는 오작교가 있어요. 이곳은 〈춘향전〉에서 성춘향과 이도령이 사랑을 나누던 다리로도 유명하지요.

남원의 오작교는 돌로 만든 무지개다리예요. 무지개같이 휘어지도록 반원형의 아치 모양으로 쌓은 다리이지요. 무지개 모양의 건축은 다리뿐 아니라 고분, 석빙고, 성문 등에도 쓰였어요.

　무지개다리는 쐐기 모양의 돌을 양쪽에서 차곡차곡 포개어 무지개처럼 둥글게 만든 다리예요. 우리 전통의 무지개다리는 돌과 돌 사이에 접착제를 전혀 쓰지 않았어요. 좌우에서 돌을 쌓아 올리다가 맨 위 가운데에 마지막 돌인 '이맛돌'을 끼워 넣어 완성했지요. 이맛돌은 특별히 두껍고 무거운 돌을 썼어요. 이맛돌이 두꺼우면 견디는 힘이 강해져서 이맛돌만 빠지지 않는다면 무지개다리는 절대로 무너지지 않아요.

　이렇게 만든 무지개다리에는 아무리 무거운 것을 얹어도 끄떡없었어요. 위에서 누른 힘이 아랫돌로 퍼져서 전달되었기 때문이에요. 아치 모양의 돌다리는 누르는 힘에 잘 견디는 돌의 특성을 이용해서 만든 과학적인 다리랍니다.

우리 조상들은 돌을 다루는 데 훌륭한 기술을 갖고 있었어요. 무지개 모양의 다리, 고분, 성곽 등 돌로 만든 건축물에서 그 실력을 알 수 있지요. 무지개 모양의 튼튼한 건축물들은 천 년의 세월을 끄떡없이 버텨 오고 있어요.

> **까치가 대머리 됐다고?**
> "어? 저 까치는 대머리네?"
> 장마 이후 까치를 잘 보면 대머리처럼 머리털이 빠져 있는 걸 알 수 있어요. 그래서 옛 사람들은 까치들이 칠월 칠석에 무거운 돌을 머리에 이고 오작교를 놓느라 머리털이 빠졌다는 이야기를 만들어 냈어요.
> 사실 까치들은 이맘때에 털갈이를 한답니다. 털이 빠져 있는 동안에는 부스스하고 초라해 보이지만, 털갈이를 마치고 털이 자라면 전보다 더 늠름해 보인답니다.

❖ 그물에도 들이고 옷에도 들인 감물

제주도 사람들은 집집마다 감나무를 한 그루씩 심었어요. 음력 7월이 되면 감나무에 풋감이 주렁주렁 열리는데, 사람들은 칠석 즈음에 풋감으로 여기저기에 감물을 들였어요.

"감물을 들이면 낚싯줄이 더 질겨진단 말이야."

어부들은 풋감을 으깨어 삶은 물에 낚싯줄을 담갔어요. 몇 번을 담그고 말리면 낚싯줄에 진한 갈색 물이 드는데, 이렇게 하면 낚싯줄이 훨씬 질기고 튼튼해졌어요.

"그물은 또 어떻고. 그물에 감물을 먹이면 2배는 튼튼해지고 오래가게 돼."

어부들은 그물도 풋감을 으깬 물에 담갔다가 햇볕에 말렸어요. 그러면 그물이 더 빳빳하고 질겨졌지요.

여자들은 옷에 감물을 들여 제주도의 전통 옷인 갈옷을 만들었어요.

갈옷

감물을 들인 옷은 꼭 풀을 먹인 것처럼 빳빳해요. 그래서 일부러 풀을 먹이거나 다림질할 필요가 없어요. 바람이 잘 통해 시원하게 입을 수 있고, 땀을 흘려도 옷감에 달라붙지 않아 옷에서 땀 냄새가 나지 않고요. 또 감즙에는 천연 방부제가 들어 있어 옷을 잘 상하지 않게 할 뿐 아니라 옷감을 질기게 해서 오랫동안 입을 수 있게 된답니다. 게다가 갈옷은 색깔이 흙색이라 더러운 것이 묻어도 눈에 잘 띄지 않아요. 빨래를 할 때도 주물주물 주물러서 헹구어 널기만 하면 돼요. 갈옷은 그 편리함과 실용성 덕에 많은 사랑을 받았어요.

옛날 제주도 사람들은 일할 때 주로 갈옷을 입었어요. 어부들이 바다로 나갈 때에도, 해녀들이 물일을 나갈 때에도, 더운 날 농사를 지을 때에도, 덤불을 헤치며 가축을 돌볼 때에도 튼튼한 갈옷만큼 좋은 옷이 없었답니다.

옷감에 감물 들이기
1. 풋감을 으깨서 감즙을 내요.
2. 염색할 옷감에 감즙을 골고루 스며들게 하고 주물럭거려요.
3. 옷감에 묻은 감 찌꺼기를 털어 내고 잘 손질해 햇빛이 잘 드는 평평한 곳에 널어 말려요.
4. 여러 번 빨아 남은 감물을 뺀 다음, 옷감을 말려요.

우리 과학 문화재

비의 양을 재는 '측우기'

칠석에는 비가 오거나 흐린 날이 많아요. 견우와 직녀가 만나서 기쁨의 눈물을 흘리기 때문이에요. 칠석은 비와 깊은 관계가 있답니다.

그렇다면 비와 관계 깊은 우리 과학 문화재에는 어떤 것이 있을까요?

바로 비의 양을 재는 측우기예요.

옛날에는 농사를 잘 짓는 일이 무척 중요했어요. 비가 오지 않아 가뭄이 들면, 농민들뿐 아니라 나라 안의 모든 사람들이 시름에 잠겼어요.

"농작물이 다 말라 죽으면 어쩌지?"

"이러다 백성들이 굶주리게 될 텐데……."

조선 시대에는 가뭄에 대비하기 위해 해마다 봄이면 비가 내린 양을 재도록 했어요. 땅에다 자를 꽂아 빗물이 땅속에 얼마나 스며들었는지를 쟀지요. 하지만 이걸로 빗물의 양인 '강우량'을 정확히 재기는 무척 어려웠어요.

"같은 지역에 비가 내렸더라도 딱딱한 땅이냐, 촉촉한 땅이냐, 보슬보슬한 땅이냐, 말라비틀어진 땅이냐에 따라 땅에 스며든 빗물의 깊이가 달라. 이렇게 재어서는 정확한 강우량을 알 수 없어."

그러다 세종대왕 때인 1441년, 측우기가 발명되었어요.

측우기는 빗물을 재는 원통형의 그릇이에요. 이 단순한 그릇이 무슨 대단한 과학 발명품이냐고요?

'따라 하기는 쉽지만 처음 생각해 내기는 어렵다'는 말이 있어요. 조선 사람들은 세계 최초로

창덕궁 측우대

7월 • 명절 속에 숨은 우리 과학 129

'크기와 모양이 똑같은 통을 빗물 재는 데 쓴다'는 생각을 했어요. 그리하여 세계 최초로 측우기를 발명해 과학적인 방법으로 강우량을 쟀답니다. 서양보다 200여 년이나 앞선 발명이었지요.

측우기는 만들어지자마자 전국에 설치되었어요. 각 지방 사람들은 비가 그친 다음 '주척'이라는 자를 측우기에 담가 비의 양을 정확히 재었어요. 비가 내리기 시작한 시간과 비가 그친 시간도 기록했지요.

전국에서 잰 강우량은 각 지방의 관청으로 보내졌고, 지방의 관청들은 중앙의 궁궐에 보고했어요. 전국의 강우량은 꼼꼼히 기록되어 농사에 도움이 되도록 쓰였답니다.

강물의 깊이를 잰 수표

수표교는 1420년 세종대왕 때 청계천에 세운 다리예요. 원래는 수표교 근처에 말과 소를 사고파는 시장이 있어서 '말 시장이 있는 다리'라는 뜻으로 '마전교'라고 했어요. 그러다 1441년에 다리 옆에 수표를 세우며 수표교가 되었지요. 수표는 강물의 깊이를 재는 기구인데, 이 또한 세계 최초로 만든 것이지요. 수표는 처음에는 나무로 만들었다가 나중에 돌로 바꾸었다고 해요. 돌기둥에 눈금을 새겨 물 높이를 알 수 있게 했지요. 물 높이가 낮아지면 가뭄을 대비해 준비할 수 있었고, 물 높이가 높아지면 홍수를 대비해 준비할 수 있었답니다.

▲ 수표

추석에 만나는 우리 과학

8월

- 추석에 벌이는 길쌈 놀이 | 길쌈하기
- 송편과 함께 찌는 솔잎
- 차례 상에 담긴 과학
- 추석에 즐기는 강강술래와 줄다리기
- 우리 과학 문화재 | 과학으로 쌓은 '화성'

8월

❖ 추석에 만나는 우리 과학

"이번에도 우리가 이길 거야."
"어림없어, 이번에는 우리가 이길 거야."
　신라에서는 음력 7월에서 음력 8월 추석 사이의 한 달 동안 여자들이 두 편으로 나뉘어 길쌈 놀이를 했어요. 아침부터 저녁까지 열심히 길쌈을 하고, 약속한 시간이 되면 얼마나 많이 짰는지 보고 승패를 갈랐지요.
　진 쪽에서는 이긴 사람들을 위해 음식과 술을 준비해 잔치를 벌였어요. 음력 8월 15일에 잔치가 벌어지면 사람들은 힘들었던 시간을 싹 잊고 신 나게 놀았답니다. 이 잔치의 이름이 '가배'예요. 여기서 추석을 뜻하는 '가위', '한가위'라는 말이 나왔지요. 그 후 우리 조상들은 추석 전 한 달 동안 길쌈 놀이를 해 왔어요.
　추석 무렵은 곡식과 과일이 풍성하게 열리는 계절이에요. 추석이 오면 사람들은 햅쌀로 술을 빚고, 송편도 빚었어요. 또 갖가지 추석 음식을 준비해 조상님께 차례를 지냈어요. 그런 다음에는 조상들의 무덤을 찾아가 무너진 무덤을 둥글게 쌓고, 웃자란 풀들을 베어 냈어요. 그리고 햇곡식으로 만든 음식으로 제사를 지냈답니다. 또 성주신과 터주 신 같은 집안의 신들에게도 햇곡식을 올렸어요. 추석은 수확의 기쁨을 다 함께 나누며 여러 조상과 신들에게 감사하는 날이었어요.

추석에는 즐거운 놀이도 빠질 수 없었어요. 소놀이나 거북놀이를 할 때에는 멍석을 쓴 사람들이 소나 거북 흉내를 내며 농사가 잘된 집을 찾아 돌아다녔어요. 뒤에서는 풍물패가 따라다니며 흥겹게 음악을 연주했지요. 집주인이 음식을 대접하면 일행은 마당에서 한바탕 놀며 복을 빌어 주었어요. 강강술래와 줄다리기도 했어요. 추석 때는 마을 사람들이 한데 어우러질 수 있는 놀이를 했답니다.

추석에 가장 먼저 만날 수 있는 우리 과학은 길쌈이에요. 또 추석에 먹는 송편을 찌는 모습에서는 조상들의 지혜를 엿볼 수 있어요. 차례상에서는 균형 잡힌 영양을 발견할 수 있지요. 추석 때 즐기는 강강술래에서는 가속도의 법칙을, 줄다리기에서는 작용과 반작용의 법칙을 찾을 수 있답니다.

❖ 추석에 벌이는 길쌈 놀이

우리 조상들은 옛날부터 직접 실을 만들어 옷감을 짰어요. 옷감을 짜는 일은 무척 고되었지만, 꼭 필요한 일이었어요. 옷감을 짜서 옷을 해 입고, 옷감을 내다 팔아 돈을 벌기도 했지요.

하지만 실을 만들고 옷감을 짜는 과정은 무척 힘들고 복잡했어요. 게다가 똑같은 일을 반복해야 하니 여간 지겨운 게 아니었지요. 그래서 마을의 여자들은 음력 7월부터 8월 추석 무렵이면 함께 모여 편을 갈라 길쌈 놀이를 했어요.

"이번엔 우리 쪽이 제일 많이 짤 거야."

"우리를 이길 수 없을걸?"

누가 더 많이 짜나 경쟁이 붙으면 더 즐겁게 길쌈을 할 수 있었어요. 혼자 하기보다는 여럿이 함께 하고, 조용히 일만 하기보다는 노래를 부르며 흥겹게 일하니 힘든 노동을 잘 버틸 수 있었지요.

우리 조상들은 삼으로 삼베를, 모시풀로 모시를, 누에고치로 명주를, 목화솜으로 무명을 짰어요. 삼베는 우리나라에서 가장 오래된 옷감이에요. 신석기 시대 사람들도 삼베로 옷을 지어 입었답니다. 삼국 시대에는 누에를 쳐 명주를 짜기 시작했어요. 고려 시대에는 모시풀을 키워 모시를 짰고, 고려 시대 말에는 문익점이 들여온 목화를 키워 무명을 짰답니다. 까끌까끌하고 시원한 삼베와 모시는 주로 여름에 입었고, 도톰한 무명과 명주는 주로 겨울에 입었어요. 백성들은 목화가 우리나라에 들어오기 전까지 추운 삼베옷을 입고 겨울을 났어요.

여러 가지 옷감

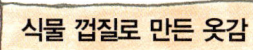
식물 껍질로 만든 옷감

삼

삼베 삼 껍질로 짠 시원한 옷감. 여름에 즐겨 입었다.

모시풀

모시 모시풀 껍질로 짠 시원한 옷감. 값이 비쌌기 때문에 주로 신분이 높은 사람들이 여름에 즐겨 입었다.

식물의 솜으로 만든 옷감

목화

무명 목화의 솜에서 뽑은 실로 짠 옷감. 도톰하고 따뜻해 겨울에 즐겨 입었다.

누에고치로 만든 옷감

누에고치

명주(비단) 누에고치에서 뽑은 실로 짠 옷감. 매끄럽고 따뜻하지만 무척 비싸 신분이 높은 사람들이 주로 입었다.

길쌈하기

목화는 질기고 부드럽고 따뜻한 데다 키우기가 쉬워 농가에서 인기를 끌었어요. 백성들은 목화솜에서 뽑은 실로 무명옷을 만들어 입었지요. 옷뿐 아니라 속옷, 침구 같은 생활용품도 무명으로 만들었어요.

무명 만들기

❶ 목화송이를 따 햇볕에 말린 다음, 씨를 빼요. 씨를 빼는 도구를 '씨아'라고 해요. 씨아의 수카락과 암카락 사이에 솜을 밀어 넣고 씨아손을 돌리면 솜은 가락 사이로 빠져나가고 씨는 뒤로 떨어져요.

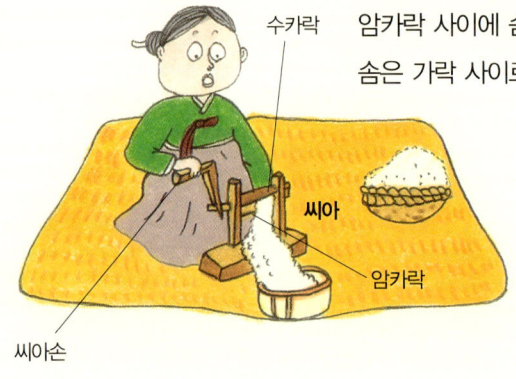

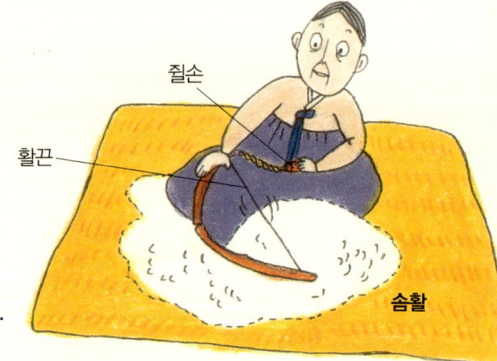

❷ 솜활을 이용해 솜을 포슬포슬하게 만들어요. 쥘손으로 활끈을 걸어 당기면 끈의 진동으로 솜이 뭉게뭉게 피어요.

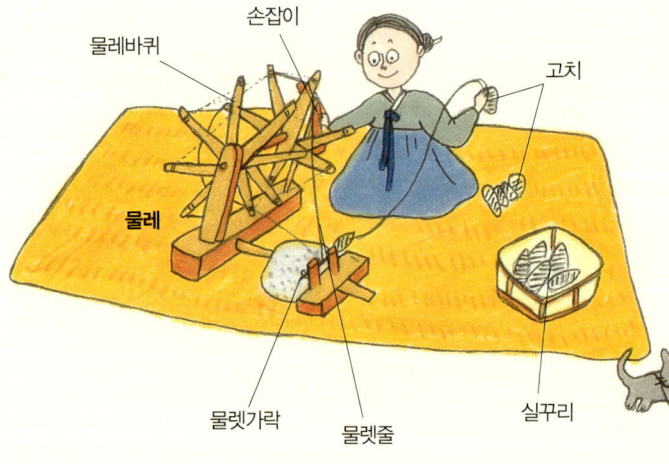

❸ 솜으로 고치를 만든 다음, 고치의 끝을 물렛가락에 연결하고 물레를 돌려 실을 만들어요. 물레를 돌리면 실이 물렛가락에 감기면서 실꾸리가 만들어져요.

❹ 10개의 꼬챙이에 실꾸리를 끼워 한꺼번에 10올을 모아 잡아당겨 날실(세로 방향의 실)을 뽑아요.

❺ 날실을 옷감 길이로 필요한 수만큼 정리한 다음, 물에 삶아 풀을 먹여요.

❻ 씨실(가로 방향의 실)을 감는 '꾸리 감기'를 해요. 실을 푹 삶아 ∞형으로 감아 꾸리를 만들어요. 만들어진 꾸리는 북에 넣어 써요.

❼ '베 짜기'를 해요. 옛날에는 옷감을 '베'라고 했어요. 그래서 옷감 짜기를 베 짜기라고 해요. 베틀의 도투마리에 날실을 감고, 북에 씨실 꾸리를 넣어서 날실과 씨실을 교차해 옷감을 짜요.

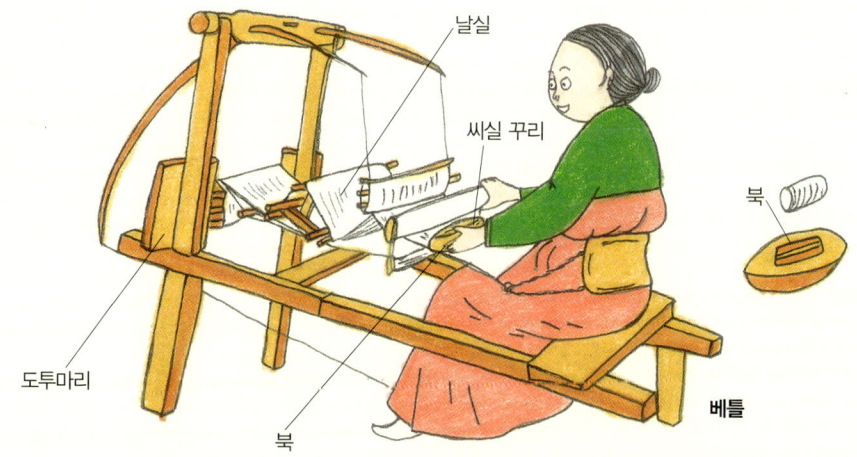

❖ 송편과 함께 찌는 솔잎

음력 8월 15일 추석에는 보름달이 환히 떠요. 추석에는 달떡이라고도 하는 송편을 먹어요. 소를 넣기 전 송편 반죽의 모양은 보름달처럼 둥글고, 소를 넣은 다음에는 반달 같은 모양이 된답니다.

우리 조상들은 추석 전날이면 송편을 빚으며 노래도 하고 이야기도 하며 즐거운 시간을 보냈어요.

"송편을 예쁘게 빚어야 잘생긴 신랑 얻는다."

이렇게 말하며 누가 더 예쁘게 빚나 보기도 했어요.

아기를 가진 부인들은 송편에 솔잎 한 가닥을 가로로 찔러 넣어 점을 보기도 했어요.

"송편을 쪄서 한 입 먹었을 때, 솔잎 끝이 나오면 아들, 솔잎 꼭지가 나오면 딸이야."

믿을 수 있는 방법은 아니었지만, 부인들은 가슴 설레며 점을 보았답니다.

송편의 이름에 '소나무 송(松)' 자가 들어가는 건, 송편을 찔 때에는 꼭 솔잎을 함께 넣기 때문이에요. 시루에 솔잎을 깔아 시루 구멍을 덮고, 그 위에 송편을 한 줄 놓고, 다시 솔잎을 덮은 뒤 송편을 또 한 줄 놓고……. 이런 식으로 송편을 한 줄, 한 줄 쌓았지요. 이렇게 송편을 찌면 향긋한 솔잎 향이 송편에 밸 뿐 아니라, 나쁜 세균까지 없앨 수 있었어요.

식물은 본래 다른 미생물로부터 자기 몸을 지키기 위해 균을 죽이는 여러 가지 물질을 내뿜어요. 특히 소나무는 다른 나무의 10배나 되는 물

소나무와 나쁜 귀신 쫓기

소나무는 예로부터 나쁜 귀신을 쫓는 나무로 여겨 왔어요. 소나무에 나쁜 균을 물리치는 힘이 있다는 걸 알고 있었기 때문이에요. 집에 아기가 태어나면 집 앞에 금줄을 치고 숯과 솔가지를 달았고, 남자 아기가 태어나면 여기에 고추를 하나 더 달았어요. 장을 담글 때 장독에도 금줄을 치고 고추, 한지, 숯, 솔가지를 달았어요. 무덤가에도 소나무를 둘러 심어 나쁜 귀신이 들어오는 걸 막았지요.

질을 내뿜는답니다. 솔잎에서 이런 물질을 빨아들인 송편은 오랫동안 상하지 않았어요. 우리 조상들은 소나무가 좋은 물질을 내뿜는다는 걸 알고 있었기 때문에 송편에 솔잎을 깔고 찐 거랍니다.

❖ 차례 상에 담긴 과학

추석날 아침에는 온 가족이 모여 조상님들께 차례를 지냈어요.
'한 해 동안 잘 보살펴 주셔서 감사합니다, 조상님.'
가을에 거두어들인 햇곡식과 햇과일로 차례 상을 차려 제일 먼저 조상님들께 바치고 그동안 보살펴 주신 것에 감사를 드린 거예요.
차례 상에는 과일, 고기, 생선, 전 등이 오르는데 놓는 방법이 있었답니다.
과일은 상의 맨 앞줄에 놓았고, 대추와 밤, 감, 배를 꼭 올렸어요.
둘째 줄에는 삼색 나물과 식혜, 김치, 포 등을 올렸어요. 김치는 하얗게 담근 백김치나 나박김치만 올렸어요. 조상님들께 깨끗하고 순수한 음식을 올리기 위해서였어요. 차례 상에 오르는 음식에는 마늘과 고춧가루를 넣지 않고 소금으로만 간을 해 자연의 순수한 맛을 살렸답니다.
셋째 줄에는 물고기탕, 쇠고기탕, 닭고기탕 이렇게 세 가지 탕을 건더기만 떠서 놓았어요. 조상님들 편하게 드시라고 국물을 뺐지요.

넷째 줄에는 술안주로 전과 적을 올렸어요. 머리와 꼬리가 있는 생선을 올릴 때에는 머리를 동쪽, 꼬리를 서쪽으로 향하는 '두동미서'를 따랐어요. 해가 솟는 동쪽은 시작을 뜻하니 머리를 향하게 하고, 해가 지는 서쪽은 끝을 뜻하니 꼬리를 향하게 한 거예요.

다섯째 줄에는 송편을 올렸어요. 이곳에는 추석에는 송편을, 설날에는 떡국을, 다른 때는 밥과 국을 올렸어요.

이렇게 차려진 차례 상은 빠짐없이 완벽한 영양을 자랑해요. 고기에

차례 상

는 단백질이, 생선에는 무기질인 칼슘이, 채소와 과일에는 무기질과 비타민이 듬뿍 들어 있어요. 떡이나 밥에는 탄수화물이, 전과 적에는 지방이 들어 있지요. 차례 상의 음식을 골고루 먹으면 우리 몸에 필요한 5대 영양소를 모두 얻을 수 있답니다.

❖ 추석에 즐기는 강강술래와 줄다리기

8월 한가위 추석날 밤에는 커다란 보름달이 떠요. 추석날 밤, 여자들은 여럿이 모여 둥글게 원을 그리며 춤을 추고 놀았어요.

한 사람이 앞서 "달 떠온다, 달 떠온다." 하고 노래를 부르면, 춤추는 사람들이 노래를 받아 "강강술래." 하고 합창했어요. "동해 동천 달 떠온다." 하고 노래하면, 또 "강강술래." 하고 노래를 받았어요. 노래는 꼬리에 꼬리를 물고 이어졌지요.

강강술래는 처음에 느리게 걸으며 돌다가 노래를 부르면서 점점 빨리 뛰며 돌아요. 강강술래의 가장 큰 특징이 갈수록 속도가 빨라진다는 거예요. 속도가 빨라지면 놀이가 흥겨워지고, 흥이 무르익으며 속도는 더욱 더 빨라져요. 여기서 '가속도의 법칙'을 발견할 수 있어요. '움직이는 물체에 힘을 더해 주면 그 힘의 크기에 비례해 가속도를 받는다'는 법칙이지요. 강강술래를 하며 뛰는 방향으로 힘을 더하면 나아가는 힘이 커져서 가속도가 붙어 더 빨리 뛰게 된답니다.

또 추석에는 마을 사람들이 모여 줄다리기를 했어요. 마을끼리 편을 먹고 상대 마을을 쓰러뜨리기 위해 힘을 모았지요.

"윗마을 힘내자!"

"아랫마을이 최고다!"

서로 힘을 쓰느라 줄이 팽팽해질 때, 우리는 '작용과 반작용의 법칙'을 관찰할 수 있어요. 윗마을 사람들이 줄을 당기는 만큼 줄도 윗마을 사람들을 당겨요. 이때 윗마을 사람들이 줄을 당기는 힘은 작용, 줄이 윗마을 사람들을 당기는 힘은 반작용이에요. 마찬가지로 아랫마을 사람들이 줄을 당기는 만큼 줄도 아랫마을 사람들을 당기지요. 아랫마을 사람들이 줄을 당기는 힘은 작용, 줄이 아랫마을 사람들을 당기는 힘은 반작용이랍니다. '2개의 물체가 서로 영향을 미칠 때, 주고받는 힘의 크기는 같고 힘의 방향은 반대다'라는 작용과 반작용의 법칙이 마을 사람들과 줄 사이에 발휘되고 있는 거예요.

  작용과 반작용의 법칙은 망치와 못의 관계를 생각하면 쉬워요. 망치로 못을 치면 못만 밀려 들어가는 게 아니라 망치도 똑같은 힘에 의해 뒤로 밀려나요. 망치가 못을 미는 작용이 있고, 못이 망치를 미는 반작용이 있기 때문이지요.

뉴턴의 운동 법칙

영국의 과학자 뉴턴은 세 가지 운동 법칙을 밝혀냈어요. 운동 제1 법칙은 '관성의 법칙'이에요. '일정한 속도로 운동하고 있는 물체는 언제까지나 같은 속도로 운동을 계속하려 하며, 정지하고 있는 물체는 언제까지나 정지한 채 있으려고 한다'는 법칙이지요. 관성의 법칙을 보여 주는 가장 좋은 예는 자동차의 급정거예요. 달리는 차가 갑자기 멈추면 차 안에 있던 사람의 몸이 앞으로 쏠리는데, 이는 같은 속도로 운동을 계속하려는 관성의 법칙 때문이지요.

운동 제2 법칙은 '가속도의 법칙', 운동 제3 법칙은 '작용과 반작용의 법칙'이랍니다.

과학으로 쌓은 '화성'

우리가 추석에 정성껏 차례를 지내고, 조상님 무덤을 찾아 정성껏 돌보고, 성묘를 하는 이유가 무엇일까요? 바로 조상에 대한 지극한 효심 때문이랍니다.

조선 시대에는 효를 최고의 덕목으로 쳤어요.

모든 일의 으뜸은 효라고 여기며 부모님께 마음을 다해 효도했어요. 부모님이 돌아가시면 부모님의 무덤 옆에 움막을 짓고 3년을 보내기도 했어요. 그 뒤에도 때마다 정성껏 제사를 지냈지요.

수원에 있는 '화성'은 지극한 효심에서 태어난 성이에요. 조선 시대의 훌륭한 임금이었던 정조는 돌아가신 아버지의 묘를 수원의 화산으로 옮기고 수원에 성을 쌓기로 했어요.

"아버님의 묘가 있는 화산의 음을 따 화성이라 하겠다. 효를 통해 덕을 펼치는 도시가 되도록 하라."

정조는 이렇게 말하며 화성의 이름을 지었답니다.

화성은 정약용의 지휘로 과학적인 방법을 써서 정교하게 지어졌어요. 정약용은 큰 돌을 쉽게 들어 올릴 수 있는 거중기를 발명해 효과적으로 성을 쌓았어요. 또 크고 작은 수레를 써서 돌을 나르고 성을 쌓는 시간을 절약했지요. 그래서 10년으로 잡았던 공사 기간을 2년 8개월로 확 줄였답니다.

1796년, 마침내 화성이 완성되었어요. 화성은 그때까지 지어진 성과 달랐어요. 우리나라 대부분의 성은 높은 산에 있었어요. 산에 성을 쌓으면 적을 공격하기도 쉽고, 방어하기도 좋았기 때문이지요. 하지만 화성은 산이 아닌 수원 시내에 세워졌어요. 백성들이 사는 공간을 둘러 안아 보호하며 하나의 도시 자체를 요새로 삼은 거예요. 게다가 성벽에 여러 가지 방어 시설을 두어 적의 공격에 철저히 대비했어요. 화성은 정조의 효심과 정약용의 과학적 설계가 함께 만들어 낸 아름답고 견고한 성이랍니다.

수원 화성 팔달문

옹성
성벽 일부를 성문 앞쪽에 반원형으로 두른 것으로, 벽돌로 쌓았다. 화성의 중요한 군사 시설에는 벽돌이 쓰였는데, 벽돌은 대포로 맞아도 그 부분에만 구멍이 뚫릴 뿐 돌처럼 무너져 내리는 일이 없었다.

성벽
외벽은 큰 돌로 쌓고, 내벽은 자갈과 흙으로 두껍게 쌓아 매우 튼튼했다. 성벽 위에 여장을 쌓고, 여기에 여러 개의 총구멍을 뚫어 놓았다.

오성지
5개의 구멍을 내고 그 뒤에 물을 저장한 큰 통을 만든 것이다. 적이 불을 내면 이곳으로 물을 뿌렸다.

현안
이곳으로 끓는 기름이나 물을 부어 적의 접근을 막았다.

여장
성벽 위에 낮게 쌓은 담장. 이곳에 몸을 숨길 수 있었다.

중양절에 만나는 우리 과학

9월

- 옹기에 담그는 국화주 | 옹기 만들기
- 작은 힘으로 무거운 짐을 번쩍 드는 '지게'
- 원심력을 담은 '도리깨'와 쭉정이를 고르는 '키'
- 우리 과학 문화재 | 과학적인 글자 '훈민정음'

9월

❖ 중양절에 만나는 우리 과학

옛날 중국에 장방이라는 사람이 살았는데, 장방은 앞날을 신통하게 맞혔어요. 사람들이 너도나도 장방에게 앞날을 물을 정도였지요. 하루는 장방이 옆 마을에 사는 친구 환경의 집에 나쁜 일이 생길 거라는 걸 알게 되었어요. 장방은 환경을 찾아가 말했어요.

"큰일 났네. 점을 보니 자네 집에 곧 엄청나게 나쁜 일이 생길 거라고 나왔네!"

환경은 깜짝 놀랐어요.

"뭐, 뭐라고? 엄청나게 나쁜 일?"

"잘 듣게. 음력 9월 9일 중양절에 가족들과 함께 높은 산에 올라 해가 질 때까지 국화주를 마시게. 해가 지기 전에는 절대로 내려오면 안 되네. 내 말을 그대로 따라야 나쁜 일을 피할 수 있네."

환경은 장방의 말대로 중양절이 되자 가족과 함께 산에 올라 국화주를 마셨어요. 그리고 해가 진 다음 집으로 돌아오자, 가축이 모조리 죽어 있었어요. 가축들이 가족의 화를 대신 입고 죽은 거였지요. 그 뒤, 중양절이 되면 산에 올라 국화주를 마시는 풍습이 생겨났어요. 단풍이 곱게 물드는 음력 9월 9일, 사람들은 국화주와 음식을 싸 들고 단풍놀이를 떠났어요. 선비들은 시를 지으며 하루를 보냈지요.

한편 이맘때 농촌은 추수로 무척 바빴어요. 너도나도 지게를 지고 아침부터 볏단을 날랐어요. 거두어들인 곡식은 도리깨로 타작하고, 키질을 해 쭉정이와 겨를 골라낸 다음 가마니에 차곡차곡 담았지요.

음력 9월 풍경에서 우리의 전통 과학을 찾아볼까요?

중양절에 마시는 국화주를 담글 때는 옹기에 담아 발효를 시켰어요. 국화주와 옹기에서는 발효 과학을 배울 수 있어요. 추수 때 볏단을 지던 지게에서는 작은 힘으로 무거운 짐을 지는 도구의 원리를 찾을 수 있지요. 추수할 때 쓰는 도리깨에서는 원심력을, 쭉정이를 골라내는 키에서는 크고 작은 혼합물을 분리하는 원리를 배울 수 있답니다.

❖ 옹기에 담그는 국화주

옛날에는 집에서 술을 담갔어요. 이 집에는 이 집만의 비법이 있고, 저 집에는 저 집만의 비법이 있었지요. 그래서 집집마다 술맛이 달랐답니다.

우리 고유의 전통주는 누룩과 곡물, 물을 재료로 만들어요. 누룩에는 누룩곰팡이가 가득한데, 누룩곰팡이는 곡물의 녹말을 당으로 분해하고, 이렇게 만들어진 당은 효모에 의해 발효되어 알코올을 만든답니다. 술을 만들 때 향기로운 꽃잎이나 열매를 넣으면 자연스러운 맛과 향이 우러났어요. 다양한 재료를 이용하여 만드는 우리 전통주는 밀과 좁쌀과 수수로 만든 문배주, 찹쌀로 빚은 동동주, 배와 생강을 넣은 이강주, 보리쌀로 만든 홍주, 차좁쌀로 빚은 오메기술 등 종류만 해도 250여 가지에 이르렀지요.

음력 9월 9일 중양절에는 국화주를 마시면 건강하게 오래 산다고 해요. 그래서 옛날에는 집집마다 가을 산에 활짝 핀 작고 노란 국화를 따다가 국화주를 담갔어요. 국화주를 만드는 방법은 지방마다, 집안마다 조금씩 달랐지만, 쌀과 국화와 물과 누룩을 옹기에 넣어 발효시킨다는 점은 똑같았어요. 술을 만들 때에는 꼭 옹기를 썼답니다. 흙으로 빚은 그릇인 옹기는 술이 잘 발효되도록 도와주었지요.

옹기를 굽는 흙에는 작은 모래 알갱이가 섞여 있어요. 옹기를 불에 구우면 흙은 녹지만 모래 알갱이는 녹지 않아 둘 사이에 아주 작은 틈이 생겨요. 이 틈이 옹기의 숨구멍이 돼요. 옹기의 숨구멍은 참 신통

방통해요. 숨구멍을 통해 옹기 밖의 신선한 공기가 옹기 안으로 조금씩 들어가 음식을 잘 익게 하지요. 김치, 장, 젓갈 등 발효 음식에 들어 있는 미생물이 활발히 활동할 수 있게 돕기도 하고요. 또 발효 식품은 발효가 되면서 나쁜 가스를 내뿜는데, 옹기는 안에 생긴 나쁜 가스와 물질을 숨구멍으로 내보낸답니다. 옹기만큼 발효 음식에 꼭 맞는 그릇도 없지요.

 옛날 여인들은 매일 장독을 닦아 주었어요. 옹기가 숨을 쉬며 내뿜은 소금기나 나쁜 물질을 닦아 주어 옹기가 숨을 잘 쉴 수 있도록 한 것이랍니다.

옹기 만들기

옹기는 자연에서 꼭 필요한 만큼의 흙, 물, 불, 바람을 빌려 와 만든 그릇이에요. 산에서 가져온 찰흙을 물로 반죽해 그릇을 빚은 다음, 유약을 발라 바람에 말려서 불에 구우면 옹기가 되지요. 옹기에 바르는 유약은 부엽토, 재, 물을 섞어 만든답니다.

옹기 만들기

❶ 흙을 부수고 물을 넣어 진흙 반죽을 만들어요. 반죽은 젖은 헝겊이나 거적으로 덮어 며칠 동안 서늘한 곳에 두어요.

밑가새 밑판을 자르는 도구
방망이 항아리의 바닥을 고르게 펴는 도구
물레

❷ 옹기 바닥을 만들어요. 물레에 진흙 반죽이 붙지 않도록 재를 살짝 뿌린 다음, 반죽을 얹고 방망이로 두들겨 납작하게 만들어요. 물레를 발로 돌리면서 가장자리를 밑가새로 잘라 내요.

❸ 바닥 위에 떡가래처럼 만든 흙가래를 둥글게 쌓아 옹기의 몸을 올려요.

도개 옹기 벽을 다지는 도구
수레

❹ 한 손으로는 도개로 옹기 속을 두드리고, 다른 한 손으로는 수레로 바깥 면을 두드려 옹기의 두께를 고르게 해요.

근개
옹기의 겉면을
다듬는 도구

❺ 근개를 써서 한 손은 옹기 안쪽, 다른 손은 옹기 바깥쪽을 매끈하게 다듬고 옹기의 모양을 완전히 잡아 줘요.

❻ 그늘지고 바람이 잘 통하는 곳에서 말려요. 한 가마가 다 찰 만큼 옹기가 많아질 때까지 옹기들을 말려 둬요.

❼ 말린 옹기에 천연 유약으로 옷을 입힌 뒤, 그늘에 20일 이상 말려요.

❽ 2개의 옹기 입구가 서로 마주 닿도록 차곡차곡 쌓은 다음, 가마의 입구를 꽉 막고 오랫동안 불을 때어 구워 내요.

❖ 작은 힘으로 무거운 짐을 번쩍 드는 '지게'

 음력 9월은 곡식을 모두 거두어들이는 때예요. 농부들은 황금빛으로 물든 논에서 일 년 동안 땀 흘려 키운 곡식을 수확했어요. 볏단을 가득 실은 소달구지가 달달달 지나가고, 지게에 볏단을 높이 진 사람들이 부지런히 집으로 걸어갔지요.

 지게는 작은 힘으로 무거운 물건을 옮길 수 있게 만든 특별한 도구예요. 손수레가 없던 옛날에는 집집마다 나무 지게를 하나씩은 다 갖고 있었답니다.

 지게는 일 년 내내 쓸 일이 많았어요. 봄과 여름에는 풀이나 거름을 졌고, 가을에는 추수한 볏단을 졌고, 겨울에는 땔감을 졌어요. 지게에 짐을 실으면 50~70킬로그램이나 되는 무거운 짐도 번쩍 들어 나를 수 있었어요. 키의 2배가 넘는 커다란 짐도 지게만 있으면 문제없이 나를 수 있었답니다.

 지게는 무척 단순하게 생겼어요. 지게의 양쪽에는 Y 자 모양의 기둥나무가 다리를 벌리고 있어요. 두 기둥나무 사이에는 '세장'이라고 하는 나무 4~5개가 가로로 끼워져 있어요. 그리고 지게의 모양이 틀어지지 않도록 기둥나무 사이에 '탕개'라고 하는 줄을 ∞ 자로 연결해요. 지게의 전체 모양은 사다리꼴이 된답니다. 지게의 앞에는 배낭처럼 멜 수 있도록 어깨끈 '밀삐'를 달아요. 등이 닿는 부분에는 아프지 않게 짚으로 짠 등받이 '등태'도 대지요.

 지게를 세울 때는 끝 부분이 V 자형인 지겟작대기를 이용해요. 지게의 몸 사이에 지겟작대기를 비스듬히 받쳐 놓으면 지게는 지겟다리와 삼각형을 이루며 안정감 있게 선답니다. 이때에는 무게 중심을 작대기가 받치는 거예요. 지게를 사람이 질 때에는 어깨와 등에 걸쳐 몸 전체에 무게를 고르게 전달하기 때문에 무거운 짐을 들 수 있어요.

한편, 보다 무거운 짐을 질 때에는 무게 중심이 등이 아닌 허리에 놓이도록 지겟다리가 높이 올라간 지게를 썼어요. 무게 중심이 낮을수록 몸의 균형을 잡기 좋고, 다칠 위험도 적거든요.

지게

지게에는 무게를 고르게 퍼뜨리고 무게 중심을 옮겨 짐을 더 편리하게 운반한 우리 조상들의 슬기가 담겨 있답니다.

❖ 원심력을 담은 '도리깨'와 쭉정이를 고르는 '키'

논에서 거둔 볏단을 지게로 지고 오면, 마당에 벼를 말려 타작을 했어요. 타작은 곡식의 낟알을 이삭에서 떨어내는 일이에요. 타작은 벼를 멍석 위에 깔아 놓고 도리깨로 두드려서 했어요. 도리깨는 도리깻장부라 부르는 기다란 대나무 자루 끝에 구멍을 뚫어 도리깨꼭지라는 긴 나무못을 끼운 뒤, 그 끝에 단단한 나무로 된 도리깻열을 2~3개 단 농기구예요. 도리깨를 휘둘러 가며 벼 이삭을 두드리는 걸 '도리깨질'이라고 해요.

윙, 탁! 윙, 탁!

도리깨질을 하면 도리깨를 휘두르는 소리, 벼 이삭 두드리는 소리가 마당에 퍼지며 벼 이삭에 붙어 있던 알갱이들이 떨어져 나갔어요. 도리깨는 벼 이삭뿐 아니라 보리, 메밀 등의 타작에도 썼답니다.

도리깨는 원심력을 이용해 작은 힘으로 강한 힘을 발휘하는 도구예요. 도리깨질을 할 때에는 도리깻장부를 두 손으로 잡고 뒤로 높이 들어 올린 다음, 공중에서 한 바퀴 돌려요. 그러면 도리깻장부에 원심력이 생기지요. 원심력은 원을 그리며 도는 물체가 원 바깥으로 나아가려는 힘을 말해요. 원심력에 의해 더 큰 힘이 도리깻열로 전달되고, 도리깻열은 그보다 더 큰 힘과 더 빠른 속도로 원운동을 하게 돼요. 이때 도리깨를 곡식에 내려치면, 몇 배나 강한 힘에 의해 곡식 알갱이들이 떨어져 나가게 된답니다.

 도리깨질을 해 곡식을 떨어낸 다음에는, 곡식 알갱이들을 모아 키질을 했어요. 키는 곡식 알갱이들에 섞여 있는 마른 잎이나 쭉정이 같은 것을 털어 주는 도구예요. 고리버들이나 잘게 쪼갠 대나무를 엮어 만들지요. 앞은 넓고 평평하고, 뒤는 좁고 우묵해 곡식을 잘 받을 수 있

도록 되어 있어요.

바람을 등에 지고 자르르자르르 키 안에 바람을 일으키면 쭉정이나 마른 잎 같은 가벼운 건 날아가거나 앞에 남고, 무거운 알곡은 뒤로 모였어요. 무게의 차이를 이용해서 바람의 힘으로 분리한 거예요.

여러 가지 혼합물의 분리

체는 크고 작은 혼합물을 분리하는 도구예요. 크기가 서로 다른 고체들이 섞여 있을 때 체를 쓰면 구멍보다 큰 것은 체 위에 남고, 구멍보다 작은 것은 밑으로 떨어져요. 고체와 액체가 섞여 있을 때에도 체를 써서 고체와 액체를 분리할 수 있어요.

조리는 무거운 돌멩이와 가벼운 곡식을 분리하는 도구예요. 곡식을 씻을 때 조리로 일렁일렁 일어 내면 돌멩이는 뜨지 않고 곡식만 위로 떠 건져진답니다. 무게의 차이를 이용한 분리법이지요.

체

조리

과학적인 글자 '훈민정음'

음력 9월에는 아주 특별한 날이 들어 있어요.
바로 한글의 생일, 한글날이에요.
세종대왕이 창제한 우리 글자 훈민정음은 '백성을 가르치는 바른 소리'라는 뜻이에요. 세종대왕은 그때까지 쓰이던 한자가 우리말과 다르고 어려워 많은 백성들이 배워서 쓸 수 없는 걸 안타까워했어요. 그래서 집현전 학자들과 함께 백성들이 쉽게 배워 쓸 수 있는 글자를 만들어 냈지요. 그렇게 태어난 글자가 훈민정음이에요.

훈민정음은 1443년에 만들어 3년 동안 다듬은 끝에 1446년 음력 9월 초에 반포했어요. 양력 10월 9일 한글날은 1443년 음력 9월 10일을 양력으로 계산해서 정한 날이에요.

훈민정음은 모두 28글자로 되어 있어요. 28글자는 크게 모음(홀소리)과 자음(닿소리)으로 나뉘어요. 모음은 ㅏ, ㅔ, ㅣ, ㅗ, ㅜ 등 '홀로 소리를 내는 글자'이고, 자음은 ㄱ, ㄴ, ㄷ, ㄹ 등 '홀소리와 닿아야 소리를 내는 글자'예요.

자음은 발음 기관의 모양, 발음 작용의 모양을 본떠 만들었어요. ㅇ은 목구멍 모양을, ㅅ은 이 모양을, ㅁ은 입 모양을 본떴어요. ㄱ은 혀뿌리가 목구멍을 막는 모양을, ㄴ은 혀끝이 윗잇몸에 닿는 모양을 본떴답니다. 아래의 다섯 글자를 조합하거나 선을 더해 주면 모든 자음을 만들 수 있어요.

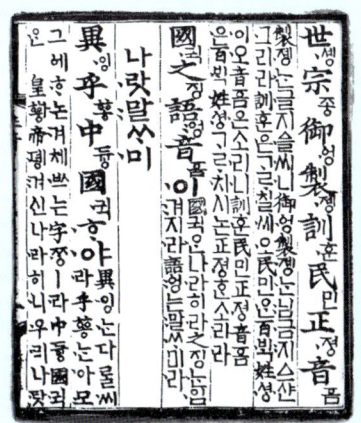

《세종어제훈민정음》
《훈민정음》의 본문을 한글로 풀이한 책

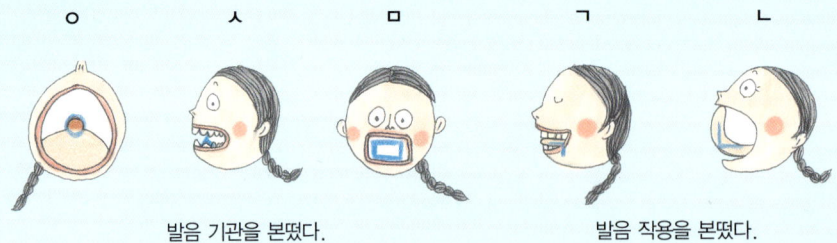

발음 기관을 본떴다.   발음 작용을 본떴다.

모음은 하늘과 땅과 사람의 모습을 본떴어요. 아래의 세 모음을 조합하면 모든 모음을 만들 수 있어요.

전 세계에서 널리 쓰이고 있는 알파벳은 단지 특정한 소리를 나타내는 기호일 뿐이지만, 한글은 발음되는 소리의 특징을 이미 글자의 모양 속에 갖고 있어요.

또한 한글은 가로로 줄줄 써야 하는 영어와 달리 자음과 모음을 결합해 소리를 만들어요. 오늘날 쓰고 있는 자음 14자와 모음 10자를 합해서 만들 수 있는 소리는 무려 11172자나 된답니다.

우리나라가 글을 읽고 쓰지 못하는 문맹률 0퍼센트에 가까운 나라가 될 수 있었던 건 배우기 쉽고 쓰기 쉬운 한글의 과학성 덕분이에요. 유네스코에서는 문맹 퇴치에 공헌한 사람들에게 훈민정음을 지은 세종대왕의 이름을 딴 '세종대왕상'을 주고 있답니다.

상달고사에 만나는 우리 과학

10월

- 비밀을 간직한 놋그릇
- 겨울을 준비하는 김장 김치와 김치움 | 김장하기
- 편리한 이동식 난로 '화로'
- 우리 과학 문화재 | 신비한 비취색 '고려청자'

10월

❖ **상달고사에 만나는 우리 과학**

일 년 중에서 가장 신성한 달은 언제일까요?

바로 음력 10월이에요. 옛날에는 10월을 '좋은 달', '으뜸 달'이라는 뜻으로 '상달'이라고 했어요. 고대에는 상달이 되면 나라마다 하늘에 감사를 드리는 큰 행사를 열었지요. 고구려의 '동맹', 동예의 '무천', 부여의 '영고' 등은 모두 상달에 열리는 제천 의식이었어요.

고대의 풍습은 가정으로 이어졌어요. 상달에는 집집마다 좋은 날을 잡아 집안의 여러 신들에게 감사를 드리기 위해 집 안 곳곳에 상을 차렸어요. 안방에는 집 건물을 지켜 주는 성주신이, 장독대 앞에는 집터를 지켜 주는 터주 신이, 부엌에는 부엌을 지켜 주는 조왕신이 살았어요. 사람들은 성주신, 터주 신, 조왕신 등 중요한 신에게는 절을 올렸고, 나머지 신들이 머무는 곳에는 음식만 차려 놓았어요.

음력 10월 15일경에는 5대 이상의 조상에게 지내는 시제를 올렸어요. 조상이 같은 자손들이 조상의 묘에 함께 모여 햅쌀과 햇곡식, 햇과일로 제사상을 차리고 조상님들께 감사를 드리는 행사였지요.

　음력 10월부터는 날씨가 점점 추워져요. 이 즈음이면 방 한구석에 있던 화로가 한가운데로 옮겨 와 숯불을 담고 활활 타오르기 시작한답니다. 음력 10월에는 식구들이 모여 앉아 뜨거운 화로 위에 번철을 올리고 양념한 쇠고기를 구워 먹는 풍습도 있었어요. 이것을 '난로회'라고 해요.

　또 무와 배추로 겨울에 먹을 김치를 담갔어요. 이때 김치를 담가 두면 봄이 올 때까지 반찬 걱정을 할 필요가 없었답니다.

　겨울을 맞이하는 음력 10월 풍경에서 전통 과학을 찾아볼까요?

　시제를 올릴 때에는 제사에 쓰는 그릇으로 유기를 썼어요. 유기는 내용물을 따뜻하게 보온해 주는 성질이 있어 겨울철에 많이 썼어요. 유기에는 현대 과학이 넘지 못하는 전통 과학의 위대함이 담겨 있답니다.

　겨울의 중요한 먹을거리인 김치에는 발효 과학이 들어 있어요. 난로회를 열던 화로에는 추운 겨울을 지혜롭게 난 조상들의 생활 속 과학이 담겨 있지요.

❖ 비밀을 간직한 놋그릇

옛날 사람들은 놋그릇을 귀하게 여겼어요. 놋그릇은 유기 또는 유기 그릇이라고도 하는데, 그중에도 청동을 수만 번 두드려 만든 방짜 유기를 가장 귀하게 여겼지요. 그래서 명절이나 제삿날에는 제사상에 방짜 유기로 된 제기를 놓았어요. 조상에게 감사하는 차례와 제사, 신에게 감사하는 제사와 고사 때마다 유기 제기를 썼지요. 조선 시대 왕실에서 제사를 지낼 때에도 꼭 유기로 된 제기를 썼답니다. 참, 제기는 제사상에 놓는 음식을 담는 그릇이에요.

방짜 유기는 구리와 주석을 78대 22의 비율로 섞어 하나로 녹인 청동으로 만들어요.

오늘날 사람들은 주석을 많이 섞으면 금속이 약해지기 때문에 주석을 22퍼센트나 섞어서 그릇을 만든다는 것은 말도 안 되는 일이라고 생각했어요. 그래서 과학자들이 직접 실험을 해 보았어요. 그런데 놀랍게도 주석을 10퍼센트만 섞어 만든 유기보다 주석을 22퍼센트 섞어 만든 유기가 훨씬 단단했어요.

과학자들은 깜짝 놀라 이유를 찾았어요. 그리고 유기 장인들이 구리와 주석을 섞은 청동을 달구고 두드리고 달구고 두드려 얇게 편 다음, 얇은 판들을 겹겹이 덧대 또 여러 번 달구고 두드려 주석을 잘게 부수고 구리와 촘촘히 얽어 놓는다는 사실을 알아냈어요. 유기 장인들의 끊임없는 망치질이 세계에 다시없는 훌륭한 유기그릇을 만들어 낸 거예요. 현대 과학으로도 따를 수 없는 전통 과학의 승리였어요.

가정집에서는 보통 도자기 식기를 많이 썼지만 겨울이 되면 유기그릇을 꺼내어 썼어요. 유기에 음식을 담으면 오랫동안 따뜻하게 음식을 먹을 수 있기 때문이에요. 또 유기에서는 몸에 이로운 나트륨, 구리, 아연 등의 미네랄 성분이 조금씩 나와요. 우리 조상들은 유기를 통해 자연스럽게 미네랄을 먹고 건강을 지켰답니다.
　유기는 음식에 든 나쁜 세균도 없애 주고, 독성도 기가 막히게 알아내요. 농약 같은 나쁜 물질이 들어 있는 음식을 유기에 담으면 유기의 색깔이 변하며 음식의 독기를 빼 준답니다. 유기가 독을 가져가 색이

변하는 거예요. 그래서 옛날 궁궐에서는 음식에 놋젓가락을 담가 독이 들어 있는지 확인을 했답니다.

색이 변하는 건 유기의 단점이 되기도 해요. 유기는 뜨거운 열이나 독에 약해 쉽게 변하고, 습기에 약해 녹이 잘 끼어요. 녹은 몸에 해롭기 때문에 닦아 주어야 하는데, 옛날에는 세제가 지금처럼 발달하지 않아서 닦기가 힘들었어요. 기와를 곱게 갈아 빻은 것을 짚에 묻혀 반질반질 윤이 나게 닦아야 했지요.

> **유기의 종류**
> 주물 유기: 틀에 청동을 녹여 부어서 만들어요.
> 방짜 유기: 녹여 만든 금속 덩어리를 불에 달구어서 두드려 만들어요.
> 반방짜 유기: 주물로 완제품에 가깝게 형태를 만든 다음 두드려 완성해요.

❖ 겨울을 준비하는 김장 김치와 김치움

겨울을 준비할 때 가장 중요한 먹을거리는 무엇일까요?
두말할 것도 없이 김치랍니다.
조상들의 겨울 준비는 첫째가 김장이요, 둘째가 땔감 준비였어요. 이 두 가지를 다 해 놓아야 "올 겨울은 이제 걱정 없다."고 했답니다.

옛날에는 요즘과 달리 겨울에 신선한 채소를 구하기가 어려웠어요. 그래서 우리 조상들은 한겨울이 오기 전에 김치를 많이 담가 두었어요. 겨울철에 하는 김장은 겨울을 건강히 나기 위해 꼭 필요한 과학적인 저장 음식이었지요.

김장은 배추나 무, 갓 등을 절인 다음 고춧가루, 파, 마늘, 생강, 젓갈 등을 넣고 버무려 만들어요. 이렇게 담근 김치에는 영양이 무척 풍부하답니다. 배추, 무, 갓, 파 같은 채소에는 칼슘, 인, 철분, 구리 등

김치움

> **옛날 김치는 흰색이었어요!**
> 먼 옛날에는 순무, 가지, 죽순 등의 채소를 소금에 절여 '지'를 해 먹었어요. '지'는 '절인 채소'를 뜻하는 말로 오늘날의 장아찌와 같아요. 그러다 신라, 고려 시대를 거치며 동치미, 나박김치 등 국물이 있는 깨끗한 김치가 생겨났어요. 지금처럼 고춧가루를 넣은 김치는 조선 시대에 생겨났어요. 우리 조상들은 고춧가루가 김치에 기막히게 어울린다는 걸 알아차리고 고춧가루를 김치에 넣기 시작했어요. '김치'라는 이름은 '지'가 '침채'로, '침채'가 '딤채'로, '딤채'가 '김치'로 바뀐 거랍니다.

무기질과 비타민 C가 들어 있어요. 마늘에 있는 알리신이라는 성분은 비타민 B1의 흡수를 도와줘요. 젓갈에는 아미노산이 풍부하고 고춧가루에는 비타민 C가 가득 들어 있어요. 게다가 김치가 발효되면서 생기는 유산균은 나쁜 균과 싸우는 항균 작용을 하여 감기를 예방해 주지요. 김치는 익으면서 발효가 되고 각 재료들의 독특한 성분과 맛이 한데 어우러져 맛과 영양이 더 우수해져요. 암을 예방하는 항암 효과까지 있답니다.

    그렇다면 냉장고가 없던 옛날에는 김치를 어떻게 보관했을까요? 옛날에는 김치를 커다란 독에 차곡차곡 담은 다음, 독을 부엌 뒤 땅에 묻었답니다. 땅속은 온도 변화가 적어 음식을 오랫동안 보관하기에 좋았어요. 김칫독 위에는 아무리 추운 날에도 김치가 얼지 않도록 짚방석을 덮었고 아예 고깔 모양의 벽을 세워 김치움을 만들기도 했어요. 김치움을 만들 때에는 김칫독 묻은 곳을 중심으로 서까래를 맞대어 세운 다음, 짚으로 된 이엉을 둘렀어요. 이엉은 짚을 여러 가닥 합쳐 서로 교차해 엮은 것이랍니다. 입구에는 가마니를 달아 바람이 들지 않도록 했지요. 김치움은 김치를 오랫동안 신선하고 맛있게 보관해 주었어요.

지방마다 다른 김치 맛

우리나라는 남북으로 길게 뻗어 있어요. 북쪽은 춥고 겨울이 길고, 남쪽은 따뜻하고 겨울이 짧아요. 그래서 각 지방마다 환경에 맞는 김치를 담가 먹었어요.

남부 지방에서는 김치가 더위에 시는 걸 막기 위해 김치 속을 적게 하고 고춧가루, 젓갈, 소금을 많이 넣어 맵고 짜게 담갔어요. 중부 지방에서는 중간 정도의 소금을 썼는데, 김치 맛이 담백하고 화려했어요. 추운 북부 지방에서는 국물이 넉넉하고 싱거운 김치를 담갔어요.

북부 지방의 시원한 동치미

남부 지방의 맵고 짠 고들빼기김치

김장하기

김치는 우리나라의 전통 음식이자, 우리나라를 대표하는 반찬이에요. 영양도 풍부하고 암을 막아 주는 효과까지 있어, 외국인들까지 즐겨 찾는 세계적인 음식이 되었답니다.

김장하기

❶ 배추의 뻣뻣한 겉대를 떼어 내고 밑동에 칼집을 넣어 반으로 쪼갠 다음 소금물에 10시간쯤 절여요.

❷ 김치에 넣을 재료를 다듬어요.

젓갈 건더기를 잘게 다져 놓는다.

무 무를 다듬어서 채를 썬다.

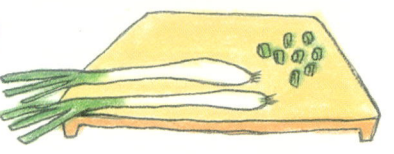

대파 비스듬하게 썬다.

고춧가루
고추를 빻아 고춧가루를 만든다.

마늘과 생강
껍질을 벗겨 다진다.

❸ 김치에 넣을 김칫소를 만들어요. 무채에 고춧가루를 넣고 버무린 뒤, 파, 마늘, 생강을 넣고 다시 버무려요.

❹ 절인 배추에 젓갈을 넣어요.

❺ 절인 배춧잎 사이사이로 김칫소를 고르게 넣어 주고 겉잎으로 싸 덮어요.

❻ 김치를 옹기에 담아요. 김치를 담는 옹기를 김칫독이라고 해요. 김칫독에 배추 속이 위로 오도록 한 포기씩 담아 꾹 눌러 줘요. 맨 위에는 배추 절일 때 나온 겉대를 덮고 그 위에 굵은 소금을 하얗게 뿌려요.

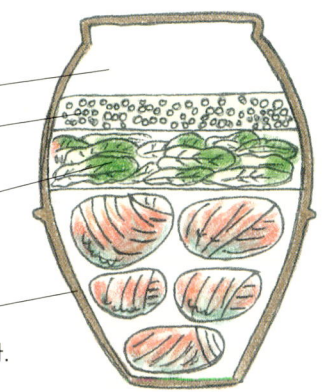

김칫독은 꽉 채우지 않는다.
배추가 익으면 국물이 나오기 때문이다.

굵은 소금을 하얗게 뿌린다.

배추 등 채소를 다듬고 골라 놓은 겉대를 덮는다.
이것을 우거지라고 한다.

옹기는 김치가 발효될 때 생기는 열을 흡수해 밖으로 내보내
독 안을 일정한 온도로 유지하고, 냄새를 흡수해 맛을 유지해 준다.

❖ 편리한 이동식 난로 '화로'

옛날에는 겨울로 접어드는 음력 10월이면 방 안에 놓인 화로에서 빨간 숯불이 타올랐어요. 가족들은 화로에 둘러앉아 따뜻한 불을 쬐며 오순도순 이야기를 나눴지요.

화로는 쓰임새가 아주 많았어요. 화로에 아침, 점심, 저녁 세끼 밥도 짓고 국도 끓였어요. 차가워진 죽도 데우고, 약도 달였지요. 화로 안에 고구마나 밤, 감자를 묻어 놓고 구울 수도 있었어요. 여자들은 화로에다 인두를 달궜고, 화로의 숯을 꺼내 다리미에 얹어 옷감을 다렸답니다.

화로는 불을 담아 이리저리 옮길 수 있는 편리한 물건이에요. 화로의 가장 좋은 점은 부피가 작아 어디든지 옮길 수 있다는 거예요. 우리 조상들은 마루로, 안방으로, 사랑방으로 화로를 자유롭게 옮기며 사용했어요. 화로는 추운 날 외출할 때, 여행할 때, 일하러 나갈 때도 좋았어요. 논밭에서 일할 때 화로를 갖고 나가 화롯불에 손을 쬐고, 겨울에 먼 길을 떠날 때 수레나 가마에 싣고 다니며 불을 쬐기도 했어요. 여행할 때 쓰는 화로는 '수로'라고 했지요. 화로는 어디에서나 따뜻한 열기로 우리 조상들의 손과 발을 녹여 주었답니다. 주인이 손님을 맞을 때는 화로를 손님 곁에 두어 화롯불처럼 따뜻한 정을 나누었어요.

방 안에 활활 타는 화로를 두면 더운 열이 위로 올라가 차가운 쪽으로 이동하는 현상이 일어나 방 안의 공기를 훈훈하게 해 줘요. 이렇게 가열된 공기가 이동하면서 열이 전달되는 현상을 '대류'라고 해요. 또 차갑게 언 손을 화로 가까이 가져가면 주위 공기가 따뜻하지 않아도 손이 더워져요. 화로가 내뿜는 뜨거운 열을 손이 직접 전달받기 때문이에요. 이렇게 열이 직접 이동하면서 전달되는 것을 복사열이라고 해요.

화로는 진흙과 무쇠로도 만들고 돌이나 청동으로도 만들었어요. 돌을 쪼아 만든 화로는 한번 데워지면 따뜻한 기온을 오랫동안 간직해

화로의 대류 열과 복사열

놋화로와 함께 많은 사랑을 받았어요. 하지만 값이 비싸 일반 백성들은 진흙으로 만든 질화로나 쇠로 만든 무쇠 화로를 썼어요. 화로는 할아버지에서 아버지로, 아버지에서 아들로, 아들에서 손자로 대대손손 이어지며 쓰였답니다.

구김살을 펴는 인두와 다리미

다리미는 옷감의 구김살을 펴는 도구였어요. 쇠로 만든 넓적한 그릇에 뜨거운 숯을 얹어 옷감을 다렸지요. 인두도 옷감의 구김살을 폈어요. 화롯불에 묻어 놓고 달구어 가며 천의 구김살을 펴거나 솔기를 꺾어 누르는 데 썼어요. 인두는 구석구석을 잘 다렸고, 다리미는 넓은 곳을 쉽게 다렸어요.

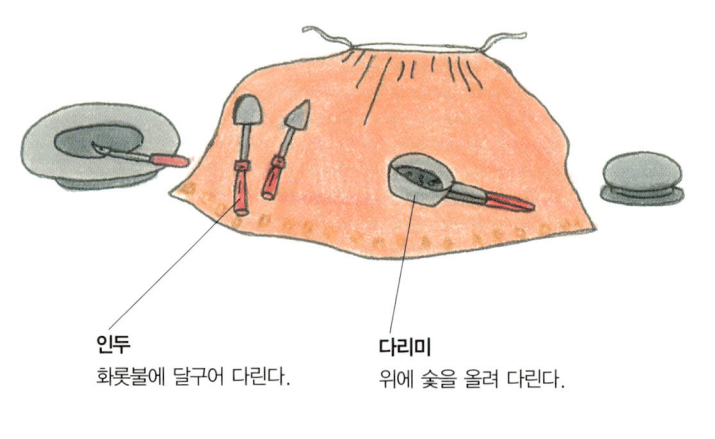

인두
화롯불에 달구어 다린다.

다리미
위에 숯을 올려 다린다.

신비한 비취색 '고려청자'

　우리 조상들은 먼 옛날부터 술을 만들어 술병에 담았어요. 흙을 불에 구워 만든 토기 술병이 신라 시대까지 만들어졌고, 옹기로 만든 술병과 도자기 술병도 만들어졌어요. 푸른 청자 술병, 까만 철화 술병, 회색의 분청사기 술병, 하얀 백자 술병…….

　이 가운데 푸른 청자 술병은 고려 시대 귀족들이 가장 좋아한 술병이에요. 청자는 그 빛깔이 꼭 푸른 비취(옥)처럼 신비하고 아름답지요. 고려 귀족들은 은은한 비취색의 아름다움에 흠뻑 빠져 청자로 다양한 생활용품을 만들어 썼답니다.

　고려청자는 '환원'이라는 과학적인 방법에 의해 만들어져요. 청자를 만들 때에는 철분이 들어 있는 좋은 흙을 썼어요. 흙을 가져다 물에 풀어 곱게 거르고, 잘 말려서 가마니로 넣어 보름에서 한 달을 놔두었어요. 이렇게 만든 흙인 '태토'는 부드럽고 끈기가 있어 그릇을 빚기 좋았답니다. 그릇을 잘 말려 가마에 구우면 옅은 회색이 되었어요.

　한 번 구운 그릇 위에는 유약을 입혔어요. 유약은 소나무 등 식물을 태운 재와 장석 등 돌가루를 섞어서 만든 약이에요. 유약은 구워진 그릇을 반질반질하고 튼튼하게 하는 역할을 해요. 유약이 마르면 그릇을 가마에 넣고 불을 땠지요.

　고려청자를 굽는 가마 안은 무척 뜨거워요. 장작이 산소와 결합해 빛과 뜨거운 열을 내며 타오른답니다. 이렇게

청자 상감 모란문 표형 병

불타는 걸 '연소'라고 해요.

  연소가 일어나려면 탈 물질과 뜨거운 열, 산소가 모두 있어야 해요. 그런데 가마는 꽉 막혀 있기 때문에 밖에서 산소가 들어오지 못해요. 결국 장작은 유약과 태토 안에 들어 있는 산소까지 빼앗아 타오르지요. 이로 인해 태토와 유약에 들어 있던 산화철(산소를 갖고 있는 철)이 산소를 잃고 원래의 상태로 돌아가는 '환원'을 겪게 돼요. 그러면서 태토는 회청색으로, 유약은 푸른색으로 변하게 된답니다.

  가마에서 환원 과정을 겪은 고려청자는 회청색에 푸른색이 더해져 신비하고 아름다운 비취색을 뽐내었어요!

은반지로 보는 산화와 환원

  산화는 '산소를 얻는 것'이고, 환원은 '산소를 잃는 것'이에요.

  은반지는 산소와 오랫동안 만나면 산화를 일으켜요. 은이 산소를 얻어 까만 때를 만들지요. 은반지의 까만 때를 없애기 위해 산화와 환원 반응을 이용할 수 있어요. 알루미늄 포일을 냄비에 깔고, 약간의 소다와 은반지를 넣은 다음 물을 부어 끓여 보세요. 알루미늄은 은반지의 산소를 가져가는 '산화'를 일으키고, 은반지는 산소를 잃는 '환원'을 일으켜 은반지가 도로 깨끗해진답니다.

동지에 만나는 우리 과학

11월

- 24절기와 동지
- 눈 쌓인 길의 필수품 '설피' | 설피 만들기
- 겨울철 신나는 '썰매 타기'
- 우리 과학 문화재 | 외적의 침입을 알리는 '봉수'

11월

❖ 동지에 만나는 우리 과학

"아유, 추워!"

음력 11월은 오들오들 추운 달이에요.

우리 조상들은 추운 겨울날, 집 안에서 여러 가지 일을 했어요. 짚과 풀로 짚신, 돗자리, 광주리 등을 짰고, 겨울에 쓸 설피와 썰매를 만들었어요.

동지는 음력 11월에 있는 가장 큰 명절로, 일 년 중 낮이 가장 짧고 밤이 가장 긴 날이에요. 대략 음력 11월 초반에서 중반 사이에 끼어 있지요. 양력으로는 12월 22일경이랍니다.

동지가 지나면 낮의 길이가 조금씩 길어져요.

"낮이 길어지는 건 해가 다시 태어나기 때문이란다."

우리 조상들은 해가 기운을 차리고 살아난 것을 기뻐했어요. 그래서 동지를 '작은 설'이라고 하며 설 다음가는 중요한 날로 여겼어요. 이 날은 해가 되살아나며 생명이 살아나는 신성한 날이었기 때문에 사냥을 하거나 생명을 죽이는 일을 하지 않았어요.

동짓날의 별미는 붉은 팥죽이에요. 팥은 곡식들 중 가장 붉은데, 붉은색은 귀신이 싫어하는 색이라고 해요. 그래서 우리 조상들은 팥죽을 잔뜩 쑤어 대문에도 바르고 벽에도 발라 나쁜 귀신을 쫓았어요. 그리고 "동지 팥죽을 먹어야 한 살 더 먹는다!" 하며 나이 수만큼 새알심을 넣은 뜨거운 팥죽을 훌훌 먹었어요.

동짓날 궁궐에서는 임금님이 신하들에게 새해의 달력을 나누어 주었어요. 신하들은 임금님에게 받은 달력을 서로 선물하기도 했어요. 사람들은 달력을 주고받으며 새해를 준비했지요.

음력 11월의 풍경에서 전통 과학을 찾아볼까요?

우선 일 년을 태양의 움직임에 맞추어 24절기로 나눈 조상들의 지혜를 동지에서 살필 수 있어요. 팥죽에서 영양과 건강을 얻은 조상의 지혜를 배울 수도 있지요. 또 설피를 통해 압력의 원리를, 썰매를 통해 마찰력의 원리를 자세히 알 수 있답니다.

❖ 24절기와 동지

우리나라는 본래 달의 모양이 변하는 동안을 한 달로 하는 음력을 따랐어요. 하지만 농사를 지을 때에는 한 달 주기로 달의 모양이 바뀌는 것보다 일 년 주기로 변하는 계절이 더 중요했어요. 봄에 씨앗을 뿌리고, 여름에 쑥쑥 키워, 가을에 추수를 해야 했으니까요. 그래서 농사를 짓는 사람들은 태양의 위치가 어디 있는지를 보고 지금이 어느 계절인지 가늠하며 농사일을 했어요. 이런 태양의 위치를 과학적으로 나눈 것이 24절기예요. 24절기는 태양이 동쪽으로 15도씩 이동하는 것을 기준으로 나누었어요.

동지는 22번째 절기로, 밤이 가장 길어지는 때예요. 24절기 중 유일한 명절이지요. 동지가 되면 사람들은 팥죽을 쑤어 먹으며 긴 밤이 가고 새 해가 뜨는 걸 즐겁게 맞았어요.

팥죽을 쑤면 제일 먼저 조상님을 모신 사당에 한 그릇 올렸어요. 집안 곳곳에도 팥죽을 올렸어요. 안방에는 성주신 드시라고 한 그릇, 장독대에는 터주신 드시라고 한 그릇……. 대문과 담에는 팥죽을 발라 귀신을 쫓았어요.

24절기	시기(양력)
입춘: 봄의 시작	2월 4일경
우수: 봄비가 내림	2월 18일경
경칩: 개구리가 깨어남	3월 5일경
춘분: 밤보다 낮이 길어지기 시작	3월 21일경
청명: 봄 농사 준비	4월 5일경
곡우: 봄비가 내림	4월 20일경
입하: 여름의 시작	5월 5일경
소만: 모내기를 시작	5월 21경
망종: 씨뿌리기 시작	6월 6일경
하지: 낮이 가장 긴 시기	6월 21일경
소서: 무더위가 시작	7월 7일경
대서: 더위가 가장 심함	7월 24일경
입추: 가을의 시작	8월 8일경
저서: 일교차가 심해짐	8월 23일경
백로: 이슬이 내림	9월 8일경
추분: 밤이 길어짐	9월 23일경
한로: 찬 이슬이 내림	10월 8일경
상강: 서리가 내림	10월 23일경
입동: 겨울의 시작	11월 8일경
소설: 얼음이 얼기 시작	11월 23일경
대설: 큰 눈이 내림	12월 8일경
동지: 밤이 가장 긴 시기	12월 22일경
소한: 가장 추운 시기	1월 6일경
대한: 추위에 떠는 시기	1월 20일경

그러고는 식구들이 둘러앉아 나이만큼 새알심을 넣은 팥죽을 먹었어요. 새알심은 찹쌀가루를 새알만 하게 뭉쳐 만든 거예요.

팥죽이 진짜 귀신을 쫓는지는 알 수 없지만, 병을 쫓는 음식인 건 틀림없어요. 팥죽에는 단백질, 지방, 당질, 섬유질 그리고 비타민 B_1과 B_2가 가득 들어 있어 신장병과 각기병에 좋답니다. 변비나 빈혈에도 좋은 음식이지요.

❖ 눈 쌓인 길의 필수품 '설피'

우리나라는 사계절에 따라 자연환경이 변해요. 그래서 입고, 먹고, 살아가는 모습이 계절에 따라 달랐답니다. 겨울이 되면 산골 마을에서는 설피를 미리 만들어 두었어요. 설피는 눈이 많은 지방에서 눈 위를 걷기 위해 만들어 낸 덧신이에요.

겨울에 눈 내린 길을 걸으면 몸의 무게가 두 발에 쏠려 발이 푹푹 꺼져요. 당연히 걷기가 힘들지요. 이럴 때 설피를 신으면 발이 눈 속으로 꺼지는 걸 막을 수 있었어요. 설피는 보통 짚신의 2~3배인 길이 45센티미터 안팎, 폭 25센티미터 안팎의 크기로 둥글넓적하게 만들었어요. 면적이 그만큼 넓어져 눈을 누르는 압력이 줄어들었지요. 그래서 설피를 신으면 눈 속으로 발이 꺼지지 않고 편하게 눈 위를 걸어 다닐 수 있었답니다.

압력과 힘이 작용하는 면적 사이에는 원칙이 있어요.

우선, 힘이 작용하는 면적이 넓으면 압력이 작아져요. 가까운 예가 설피예요. 힘이 넓은 면적으로 퍼지기 때문에 압력이 작아져 발이 꺼지지 않아요. 반대로 힘이 작용하는 면적이 좁으면 압력이 커져요. 가까운 예로 송곳을 들 수 있어요. 압력이 뾰족한 끝으로 몰려 커지기 때문에 적은 힘으로도 물건을 뚫을 수 있지요.

설피는 눈 위에서 미끄러지는 일도 막아 주어요. 나뭇가지와 새끼로 만든 울퉁불퉁한 바닥이 마찰력을 높여 주기 때문이에요.

설피의 과학 원리는 오늘날에도 그대로 쓰이고 있어요. 우리는 미끄러지는 걸 막기 위해 밑창에 홈이 난 신발을 신어요. 또 눈이 오면 자동차 타이어에 자동차용 체인을 감지요. 아니면 미끄러지는 것을 막기 위해 특별히 홈을 깊게 판 겨울용 타이어로 바꿔 낀답니다. 바닥에 요철을 주어 마찰력을 높이는 것이지요.

압력이 두 발에 모여 발이 푹 꺼진다.   압력이 설피에 분산되어 발이 꺼지지 않는다.

설피 만들기

전통 눈 신발 설피는 10년쯤 자란 물푸레나무, 노간주나무, 다래 덩굴 등에 끈을 묶어 만들어요. 짚신 위에 설피를 덧신을 때에는 발이 얼지 않도록 떡갈나무 잎으로 발을 한 번 더 감싸 주기도 했어요.

설피 만들기

❶ 가볍고 물에 젖어도 모양이 뒤틀리지 않는 나무를 구해 삶아요. 나뭇가지를 삶으면 부드러워져 구부리기 좋아요.

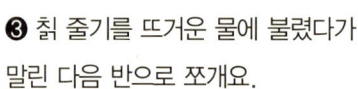

❷ 나뭇가지를 타원형으로 둥글게 구부려 틀을 만들어요. 발보다 훨씬 크게 만들어 줘요.

❸ 칡 줄기를 뜨거운 물에 불렸다가 말린 다음 반으로 쪼개요.

❹ 틀 위에 칡 줄기를 얼기설기 얽어매어 망을 엮어요. 이렇게 해야 설피가 눈에 빠지지 않아요. 칡 줄기 대신 질긴 가죽으로 얽을 수도 있어요.

❺ 발걸이가 될 새끼를 망에 달아요.

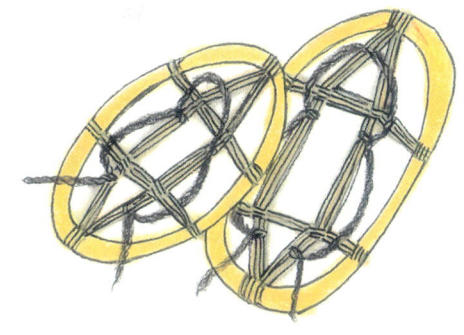

❻ 발을 벌려 가며 설피 바닥이 한꺼번에 눈에 닿도록 걸어요. 설피 바닥이 한꺼번에 눈에 닿지 않으면 설피를 신어도 눈 속으로 푹 꺼지게 돼요.

❖ 겨울철 신나는 '썰매 타기'

옛날이나 지금이나 눈이 소복하게 쌓이면 아이들은 신이 나요. 옛날 어린이들은 가마니를 들고 나와 언덕에서 미끄러지며 놀거나 앉은뱅이 썰매를 타고 신나게 달렸답니다. 앉은뱅이 썰매는 나무판 밑에 각목을 나란히 대고 대나무나 쇠줄을 박아 만들었어요. 비탈에서는 썰매에 엎드리거나 누워서 아래로 쭉 미끄러졌고, 평지에서는 아래에 못을 박은 짧은 나무 지팡이를 양손에 쥐고 앞으로 찍으며 여기저기 옮겨 다녔어요.

어른들은 '설마' 또는 '설매'라고 하는 스키를 탔어요. 말이나 매처럼 빠르다고 해서 붙은 이름이었지요. 설매는 단단한 단풍나무를 길게 깎아 앞을 구부려 만들었어요. 양발에 하나씩 끼우고서, 지겟작대기로 땅을 짚고 균형을 잡아서 탔답니다. 설매는 눈 비탈을 나는 듯이 달렸어요.

설매

썰매

소가 끄는 썰매는 '쇠발구'라고 했어요. 눈이 깊이 쌓였을 때 무거운 사냥감이나 땔감, 거름, 쌀가마니를 옮기려고 쇠발구를 썼지요.

쇠발구는 서까래 굵기의 긴 통나무 2개를 앞은 모으고 뒤는 벌려 사다리꼴이 되게 한 다음, 그 사이에 가로로 3~4개의 나무를 빗장처럼 질러서 고정시켜 만들었어요. 나무의 땅에 닿는 부분은 미끈하게 만들었어요. 이렇게 해야 더 잘 미끄러졌거든요.

앉은뱅이 썰매, 설매, 쇠발구는 모두 눈 위를 미끄러져 가는 도구예요. 그래서 셋 모두 눈과 닿는 바닥면이 매끄러워요. 왜 그럴까요? 바닥이 매끄러워야 '수막현상'이 잘 일어나기 때문이에요. 눈이나 얼음은 쇠나 나무 등 다른 물체에 눌리면 녹아서 물이 생겨요. 이때 생긴 물이 썰매 바닥과 눈 사이에 매끄러운 막을 만들어요. 이것이 수막현상이에요.

쇠발구

수막현상이 생기면 썰매와 바닥 사이의 마찰력을 줄일 수 있어요. 마찰력이 줄면 쌩쌩 잘 미끄러지게 돼요. 올록볼록 홈이 파인 운동화보다 바닥이 매끄러운 구두를 신었을 때 눈길이나 얼음길에서 더 잘 미끄러지는 것도 매끄러운 면의 마찰력이 더 작기 때문이에요. 손에서 물 묻은 비누가 빠져나가는 것도 수막현상에 의해 마찰력이 줄었기 때문이지요.

우리 조상들은 마찰력의 원리를 생활에 잘 이용했어요. 설피는 마찰력이 커지게 해 미끄러지는 것을 막았고, 앉은뱅이 썰매, 설매, 쇠발구는 마찰력을 줄여 잘 미끄러지게 했답니다.

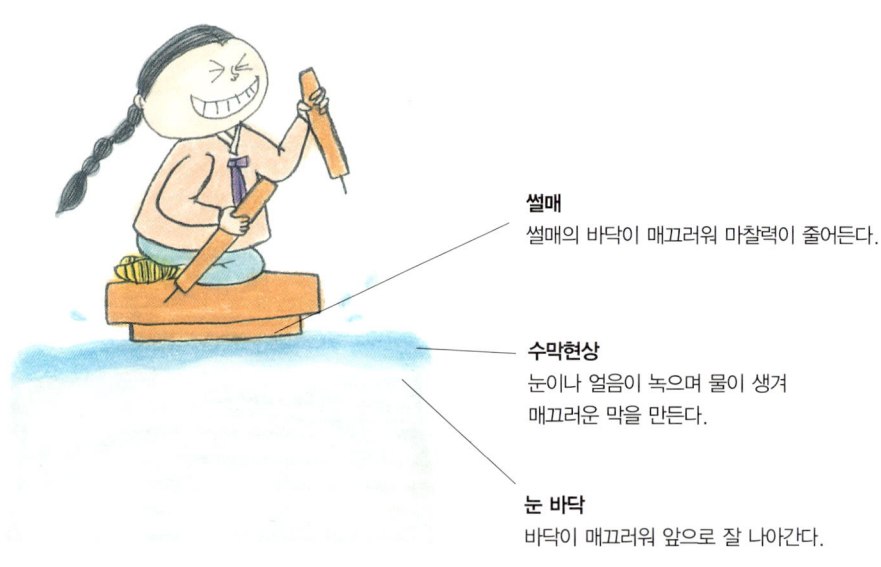

썰매
썰매의 바닥이 매끄러워 마찰력이 줄어든다.

수막현상
눈이나 얼음이 녹으며 물이 생겨 매끄러운 막을 만든다.

눈 바닥
바닥이 매끄러워 앞으로 잘 나아간다.

외적의 침입을 알리는 '봉수'

옛날 어느 절에서 있었던 일이에요. 한 스님이 동짓날 아침에 늦잠을 자는 바람에 화로의 불씨가 꺼져 버리고 말았어요.

"이를 어쩌지. 오늘은 부처님께 팥죽을 올려야 하는데……."

스님은 생각 끝에 절 위, 높은 봉우리에 있는 봉수대로 찾아가 불씨를 달라고 부탁했어요. 봉수대는 밤에는 봉(횃불)으로, 낮에는 수(연기)로 국경의 소식을 전하는 곳이었어요.

"어? 조금 전에 어린 동자스님이 와서 불씨를 얻어 갔는데요? 오늘이 동짓날이라 제가 팥죽도 한 그릇 드렸답니다."

포졸의 말에 놀란 스님이 절로 돌아오니 아궁이에 이미 불이 활활 타고 있었고, 부처님의 제자인 나한상의 입술에 팥죽이 조금 묻어 있더라고 해요.

옛날에 봉수대는 일 년 내내 불이 꺼지지 않는 곳이었어요. 봉수군이라 불리는 포졸들은 매일같이 봉수대를 지키며 봉수를 피웠어요. 5개의 봉수를 적게 피우거나 많이 피워 '아무 일도 없다', '외적이 나타났다', '외적이 국경으로 들어왔다', '외적과 싸우고 있다' 같은 간단한 신호를 보냈지요.

봉수대는 국경에서 중앙까지 약 20~30리 사이, 곧 10킬로미터 안팎에 하나씩 있었어요. 북쪽과 남쪽에 뻗어 있는 5개의 봉수 통신은 12시간 정도 걸려 남산의 중앙 봉수대로 전달되었어요. 남산 봉수대는 각지의 소식을 승정원으로 보고했고, 승정원은 임금님에게 보고했어요. 봉수대를 이용하면 연기와 횃불이라는 시각 신호를 통해 어디서든 12시간 만에 중앙까지 소식을 전달할 수 있었어요. 12시간이 뭐가 빠르냐고요? 옛날에는 사람이 직접 움직여 소식을 전했기 때문에 부산에서 일어난 일을 서울에 알리려면 아무리 빨라도 5일 정도 걸렸답니다. 보통 사람이라면 2

주는 걸려야 갈 수 있었지요. 사람이 전하는 속도에 비하면 봉수의 속도는 엄청나게 빠른 거였어요.

봉수는 단점도 있었어요. 안개가 끼거나 눈이 내리거나 비바람이 몰아치는 등 날씨가 나쁘면 횃불도 연기도 제대로 보이지 않았어요. 이런 날에는 청각 신호를 함께 이용했어요. 대포를 쏘거나 나팔을 불어 봉수 대신 상황을 알린 다음, 직접 뛰어가 소식을 전했어요. 상황을 자세히 설명할 수 없는 것도 단점이었고, 봉수의 신호를 알고 있는 사람은 누구나 봉수를 보고 큰일이 난 걸 알아차릴 수 있다는 문제도 있었어요.

그럼에도 불구하고 봉수대는 전화도, 인터넷도 없던 시절에 먼 곳의 큰일을 가장 빨리 전할 수 있는 최첨단 통신 시설이었답니다.

수원 화성 봉수대

섣달그믐에 만나는 우리 과학

12월

- 부뚜막과 구들 | 구들 놓기
- 우리 한옥의 과학성
- 지역마다 다른 집
- 우리 과학 문화재 | 영혼의 소리 '에밀레종'

12월

❖ 섣달그믐에 만나는 우리 과학

"바느질을 마저 끝내야지."
"지난번에 꾼 곡식을 얼른 갖다 줘야지."
 섣달그믐은 음력으로 새해 바로 전날이에요. 섣달그믐이 되면 사람들은 이번 해에 했던 일을 이번 해 안에 싹 끝내려고 했어요. 집 안도 깨끗하게 청소했지요. 묵은 일과 묵은 때를 훌훌 털고 새 마음으로 새해를 맞이하려고 한 거예요.
 어른들에게는 한 해를 마무리하는 절을 올렸어요. 이걸 '묵은 세배'라고 해요. 집안 어른들에게 하고 난 다음에는 이웃 어른들에게 했답니다.

밤이 되면 부엌과 마루, 방, 외양간, 뒷간 등 집 안 곳곳에 불을 밝히고 조왕신이 돌아오기를 기다렸어요.

조왕신은 부엌에 사는 신이에요. 일 년 동안 집안 사람들이 하는 걸 잘 보아 두었다가 음력 12월 24일에 하늘로 올라가 옥황상제에게 알리고 섣달그믐 밤에 내려오지요.

조왕신은 하늘에서 자기네 집 사람들이 잘한 일, 잘못한 일을 낱낱이 이야기했어요. 옥황상제는 이야기를 듣고 어떤 집에는 복을, 어떤 집에는 벌을 내렸답니다. 그래서 사람들은 조왕신이 하늘에 있는 동안 몸가짐, 마음가짐을 바르게 하려고 노력했어요. '조왕할머니, 좋은 말 많이 해 주세요.' 하고 부뚜막에 정성껏 빌기도 했어요.

섣달그믐 밤은 조왕신이 내려오기를 기다리며 하룻밤을 새었어요. 이걸 '수세'라고 해요. '섣달그믐에 자면 눈썹이 하얗게 된다'는 말이 있어요. 그래서 아이들도 눈을 부릅뜨고 깨어 있으려고 했어요. 그러다 까무룩 잠이 들면 어른들은 아이 눈썹에 새하얀 떡가루를 묻혀 놓고서 설날 아침에 놀려 대었답니다.

섣달그믐에 집 안을 구석구석 청소하듯 한옥의 비밀을 구석구석 살펴보도록 해요. 우리 한옥은 무척 과학적인 집이에요. 벽이며 지붕이며 조상들의 지혜가 가득하답니다. 섣달그믐 밤 조왕신이 오기를 기다리며 불 밝히는 부뚜막에는 방 안을 뜨끈뜨끈하게 달구는 온돌 구들장의 과학이 들어 있어요.

❖ 부뚜막과 구들

불이 없었다면 밤에 얼마나 무서웠을까요? 음식을 어떻게 익혔을까요? 추운 겨울을 어떻게 보냈을까요?

불은 정말로 귀하고 소중한 선물이었어요. 그래서 우리 조상들은 불씨를 소중하게 간직했어요. 그리고 불을 피우는 부뚜막에 부엌을 지키는 불의 신인 '조왕신'이 살고 있다고 믿었어요. 조왕신은 할머니 모습을 하고 있다고 해서 조왕할머니라고도 했지요.

부뚜막의 아궁이는 불을 때는 곳이었어요. 이곳에 불을 지펴 음식을 했지요. 또, 아궁이의 불로 방을 따뜻하게 덥히기까지 했어요. 밥을 지을 때 쓰는 불의 열에너지를 이용해 집 안을 따뜻하게 한 거예요. 이렇듯 아궁이에 불 때기는 '꿩 먹고 알 먹기'였어요.

아궁이는 우리나라의 고유한 난방 장치인 구들과 연결되어 있어요. 아궁이에 장작을 넣어 불을 지피면 뜨거운 열과 연기가 여러 줄의 고래(구들 밑에 나 있는 길)로 들어간답니다. 열과 연기는 고래를 타고 지나며 구들장을 뜨끈뜨끈하게 덥히고 굴뚝으로 빠져나가요. 열을 저장한 구들장은 천천히 열을 내뿜어 방을 따뜻하게 해 주지요.

구들장은 두껍고 넓적한 돌이에요. 돌은 천천히 뜨거워지고 천천히 식어요. 돌이 두꺼울수록 열기를 오랫동안 간직하지요. 뜨거운 열이 아랫목에서 윗목으로 이동하기 때문에 아랫목은 가장 뜨거운 자리였어요. 그래서 우리 조상들은 아랫목에는 두꺼운 구들장을 깔고, 윗목에는 얇은 구들장을 깔았어요. 그 위에는 황토를 여러 겹 발랐는데,

아랫목에는 두껍게, 윗목에는 얇게 발랐답니다.

구들은 추운 겨울을 나는 데 꼭 필요한 난방 장치였어요. 저녁에 불을 지피면 아침밥을 지을 때까지 방바닥이 따뜻했지요.

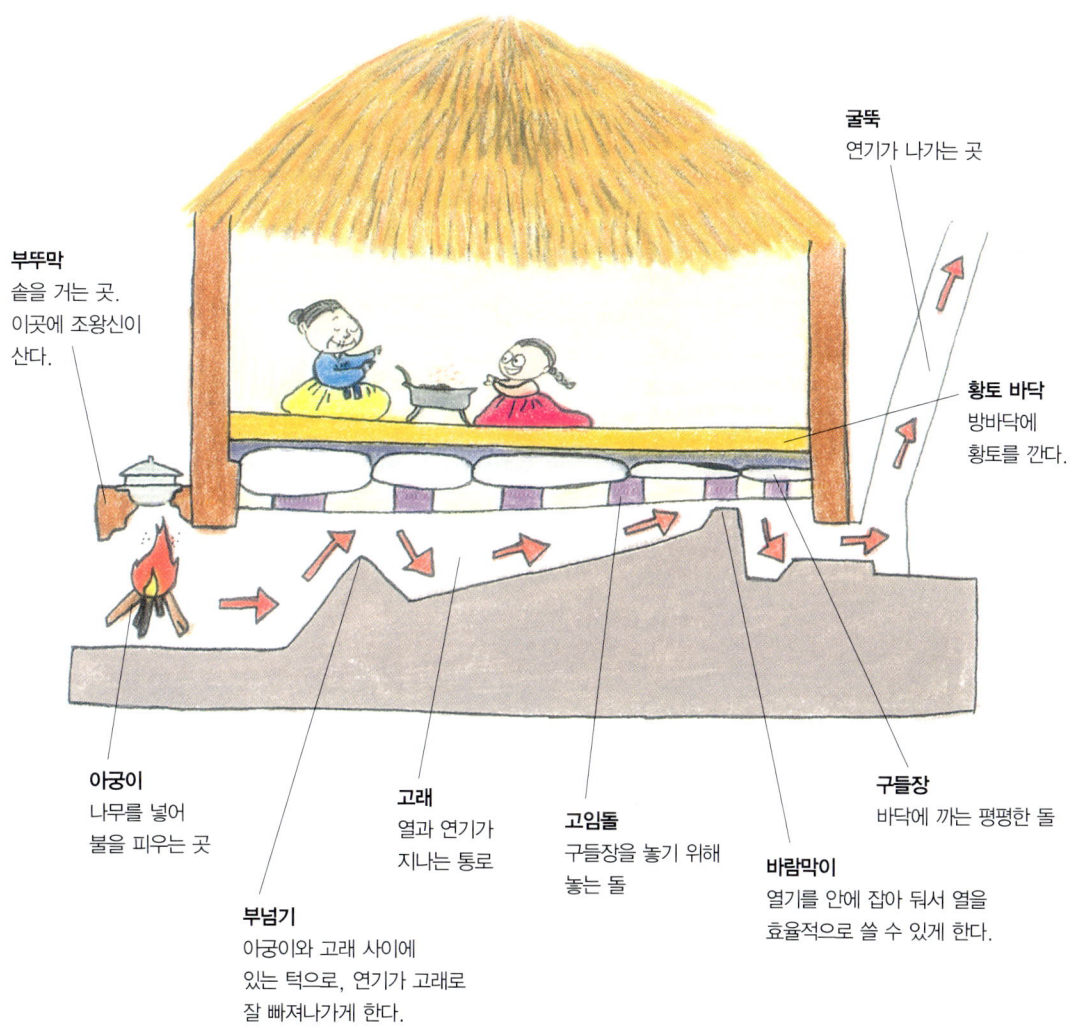

구들 놓기

"구들 좀 치워라!"

방이 어지러울 때 어른들은 이렇게 말하곤 해요. 구들은 '구운 돌'이라는 뜻의 순우리말로, 돌을 데워 방을 따뜻하게 만드는 난방 장치예요. 먼 옛날에 만들어져 오랫동안 전통을 이어오고 있지요.

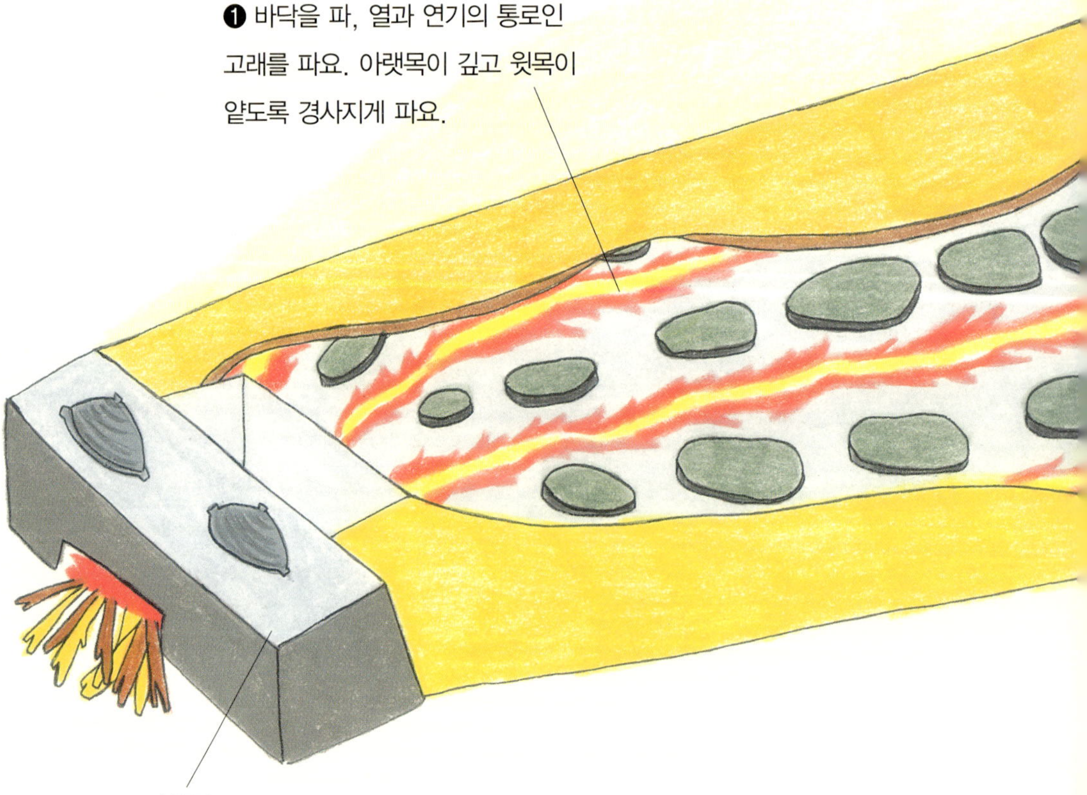

구들 놓기

❶ 바닥을 파, 열과 연기의 통로인 고래를 파요. 아랫목이 깊고 윗목이 얕도록 경사지게 파요.

부뚜막

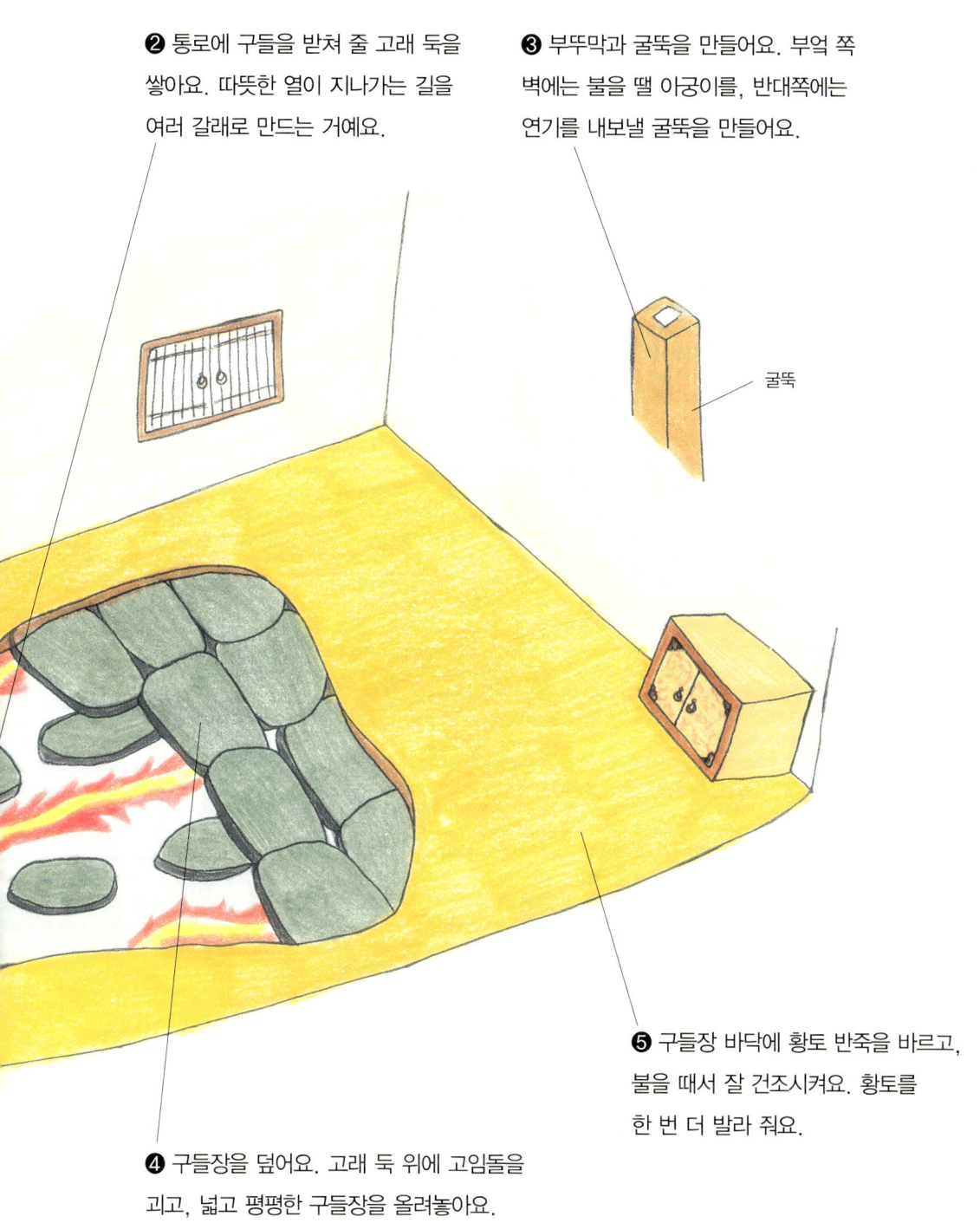

❖ 우리 한옥의 과학성

　섣달그믐은 일 년 동안 묵은 때를 벗겨 내는 날이에요. 방과 대청마루, 부엌, 뒷간까지 깨끗이 청소하고 새해를 준비하지요.
　우리나라 한옥은 자연에서 재료를 가져와 지었어요. 나무로 뼈대를 만들고 흙으로 벽을 만들었고, 지붕에는 짚을 이어 얹거나 기와를 깔았어요. 이렇게 자연에서 얻은 재료로 만든 한옥에는 신비한 과학이 담겨 있어요.
　한옥의 흙벽은 습도를 조절할 수 있어요. 집 안에 습기가 많을 때에는 습기를 빨아들이고, 집 안이 건조할 때에는 습기를 내뿜어 습도를 적당하게 유지해 줘요. 게다가 흙 알갱이 사이사이에 아주 작은 구멍이 있어서 창이나 문을 열지 않아도 저절로 환기가 돼요. 더운 공기는 흙벽을 통과해 집 안으로 들어오는 동안 식고, 추운 공기는 흙벽을 통과해 집 안으로 들어오는 동안 데워지지요. 그래서 흙벽으로 된 집은 겨울에는 따뜻하고, 여름에는 시원하답니다. 또, 황토로 만든 흙벽은 우리 몸을 건강하게 해 주는 힘을 갖고 있어요. 황토에는 우리 몸에 이로운 미생물이 가득 살고 있기 때문이에요. 그래서 옛날 사람들은 종기나 썩은 상처를 치료할 때 황토를 바르곤 했어요. 황토를 바르면 상한 부위가 잘 아물었지요.
　한옥의 처마는 여름철 햇볕을 막고, 겨울철 햇볕이 들어올 수 있는 길이로 만들었어요. 여름철에는 해가 높이 뜨고, 겨울철에는 해가 낮게 뜨는 점을 이용한 거예요. 해가 높은 여름철에는 긴 처마가 뜨거운 햇볕을 막아 집 안을 서늘하게 해 주었고, 해가 낮은 겨울철에는 처마 아래로 햇볕이 들어와 집 안을 따뜻하게 해 주었어요. 비가 올 때도 처마가 비를 막아 주어서 언제든지 창을 열고 환기를 할 수 있었지요.

한옥의 천장은 대청마루와 방의 높이가 달랐어요. 방의 천장은 사람의 키보다 조금 높을 정도로 낮았어요. 천장이 낮으면 아늑하고, 불을 땠을 때 방 안의 공기가 금방 데워졌어요. 대청마루의 천장은 키의

처마
뜨거운 햇볕을 막아 준다.

대청마루
천장이 높아 시원해 보인다.

기단
바닥의 습기를 막아 준다.

흙벽
몸에 좋은 황토로 벽을 만든다.

2배로 높여 시원하게 만들었어요.

또, 한옥 바닥의 기단은 땅에서 습기가 올라오는 걸 막아 주고, 비가 올 때 빗물이 튀는 것도 막아 주어요.

한옥이 벽돌집보다 지진에 강하다는 사실을 아나요? 벽돌집은 위에서 누르는 힘에는 강하지만 좌우로 흔드는 힘에 약해서 지진이 나면 와르르 무너져 큰 피해를 입을 수 있어요. 하지만 한옥은 수평, 수직으로 짜 맞춘 목재들이 서로를 떠받치고 있고, 나무가 휘어지며 지진의 충격을 흡수하기 때문에 지진에 더 강하답니다.

❖ 지역마다 다른 집

여름철에 대청마루에 앉으면 무척 시원해요. 햇볕이 드는 앞마당은 덥고, 나무를 심은 뒤뜰은 서늘해 대류 현상이 일어나 바람이 생기기 때문이에요. 더운 남부 지방에서는 여름을 시원하게 보내기 위해 바람이 잘 통하는 널따란 대청마루를 만들었어요. 이곳에서 더위도 피하고, 얘기도 나누고, 집안일도 했답니다.

그렇지만 추운 북부 지방에는 대청마루가 없었어요. 날이 워낙 추우니 바람이 잘 통하는 대청마루가 필요하지 않았지요. 대신 대청마루와 비슷한 장소인 정주간이 있었어요. 정주간은 부엌과 안방 사이에 벽이 없이 부뚜막과 방바닥이 한데 잇닿아 있는 곳이에요. 부엌에서 시작된 구들은 정주간 밑을 지나 안방으로 이어졌어요. 그래서 아궁이에 불을 때면 정주간 바닥이 절절 끓었어요. 식구들은 정주간 바닥에 앉아 이야기도 나누고 집안일도 함께 했답니다.

남부 지방 한옥
대청마루가 넓고 바람이 잘 통한다.

북부 지방 한옥
추운 날씨에 대비해 건물로 마당을 둘러싼 ㅁ 사형으로 지었다. 대청마루가 없고 온돌이 깔린 정주간이 있다.

이렇듯 우리 한옥은 자연환경과 기후에 따라 다르게 지어졌어요.

울릉도에서는 통나무로 벽을 올린 귀틀집을 지었어요. 지붕에는 나무를 얇게 쪼갠 너와를 덮었어요. 그리고 우데기라는 특이한 벽을 집에 둘렀어요. 울릉도는 눈이 많이 오는 섬이에요. 한번 눈이 내리면 문을 열지도 못할 만큼 높이 쌓여요. 그래서 우데기가 필요하지요. 우데기는 처마를 따라 기둥을 여러 개 세우고, 처마 끝에서 땅까지 억새, 수숫대, 싸리 등을 엮어 둘러친 것이에요. 우데기를 두르면 아무리 눈이 많이 오더라도 집 안을 자유롭게 돌아다닐 수 있었어요.

한편, 제주도에서는 억새풀로 지붕을 덮은 다음 굵은 동아줄로 지붕을 촘촘히 얽어매거나 돌을 단 집을 지었어요. 거센 바닷바람에 지붕이 날리지 않도록 한 거예요. 제주도에서는 고팡이라는 창고를 방 뒤에 만들어 곡식과 채소 등을 담은 항아리를 넣어 두었어요. 이곳은 온돌을 깔지 않아 바닥이 시원했기 때문에 곡식과 채소를 신선하게 보관할 수 있었답니다.

울릉도 집
눈이 아무리 많이 와도 집 안을 마음대로 돌아다닐 수 있도록 우데기를 둘렀다.

제주도 집
지붕을 동아줄로 얽어 놓아 바람이 아무리 많이 불어도 지붕이 날리지 않았다.

영혼의 소리 '에밀레종'

데엥, 데엥, 데엥…….

연말이 되면 제야의 종이 33번 울려요.

새해에도 건강하고 행복하기를 바라는 마음을 담아 종을 친답니다. 지금은 양력 12월 31일 밤 12시에 종을 치지만, 광복 후부터 1985년까지는 음력으로 따져 섣달그믐 밤 12시에 종을 쳤어요.

우리나라의 종 가운데 최고의 종은 무엇일까요?

바로 '에밀레, 에밀레' 하고 아이가 엄마를 찾듯 슬프게 운다는 에밀레종이에요. 이 종은 무려 34년 동안 정성을 들여 만든 신라 최고의 종이에요. 정식 이름은 '성덕 대왕 신종'으로, 신라 시대에 청동으로 만들었어요.

에밀레종의 소리는 특별해요. '뎅' 하고 짧게 울리는 게 아니라, '데에에엥' 하고 깊이 있게 울려요. 소리의 여운이 마치 아이의 울음소리처럼 애절하지요.

에밀레종이 아름다운 소리를 가질 수 있는 이유 중 하나는 우리 종에만 있는 음관과 명동에 있어요. 종 꼭대기 부분에 있는 음관은 종을 매다는 장식인 용뉴와 소리의 울림을 조절하는 음통으로 되어 있어요. 종을 치면 몸통 전체에서 나오는 떨림(진동)과 음관에서 나오는 소리가 함께 작용해 울림 소리를 내는 데 큰 역할을 한답니다.

한편, 에밀레종 아래에는 땅을 우묵하게 파서 만든 명동이 있어요. 명동은 종 아래에 놓는 울림통이에요. 항아리를 놓거나 땅을 우묵하게 파서 만들지요. 종이 울리면 명동이 함께 떨림을 일으켜 울림을 더 크게 만드는 역할을 해요.

우리나라 종은 위에 음관, 아래에 명동을 만들어 소리가 하늘로도 퍼지고 사람에게도 가고 땅으로도 퍼지도록 했어요. 그 덕에 더 맑고 긴 울림 소리를 낼 수 있었어요. 음관과 명동은 전 세계의 종 가운데 오직 우리나라에만 있는 특별한 장치예요. 그래서 우리나라의 종을 따로 '한국종'이라고 한답니다.

에밀레종 안에는 겉으로 봐서 모르는 비밀스런 장치가 있어요. 바로 종 안에 덕지덕지 붙여 놓은 청동 덩어리예요. 지저분해 보이는 이 덩어리들은 사실 종에 더 깨끗한 소리와 울림을 주기 위해 일부러 붙여 놓은 거예요.

에밀레종의 아름다운 소리는 청동을 잘 부어 만든 몸, 몸 안의 우툴두툴한 청동 덩어리, 하늘로 뻗은 음관, 종 아래 땅을 파서 만든 명동이 하모니를 이루며 만들어진답니다. 우리 종에는 전통 과학의 독창성과 창의성, 우수성이 가득 담겨 있어요.

음통
겉으로 보면 일자지만 안은 입구가 좁고 출구가 넓은 깔때기 모양이다.

용뉴
종을 매다는 고리 역할을 하는 곳으로, 용머리 모양으로 조각되어 있다.

비천상
비천상이 4개 새겨져 있다.
두 손을 모아 향로를 받들고 있는 천사의 몸에 얇은 천이 너울거리고, 아래로는 덩굴무늬가 구름같이 피어오르고 있다.

당좌
종을 치는 부분을 '당좌'라고 하고, 종을 치는 나무를 '당목'이라고 한다.

명동
신라 시대의 것은 모두 파괴되었고 오늘날 새로 만든 것이다.

성덕 대왕 신종(에밀레종)